열정을 가져라!

Fire Up!

Jan Ruhe

김영석 옮김

Fire Up!

Copyright ⓒ 1995 by Jan Ruhe
Original English edition published by JR Productions
Korean translation copyright ⓒ 2002
by **Yong-An Media**

판권 본사
독점 계약

열정을 가져라! Fire Up!

지은이 · 젠 루

옮긴이 · 김영석

초판 · 2002년 4월 25일

개정판 · 2008년 7월 1일

펴낸곳 · 용안미디어

주소 · (135-081)강남구 역삼1동696-25

전화 · 02-569-1580(대)

H · 017-363-1110

팩스 · 02-6442-7442

등록 · 제16-837호

가격 · 7,000원

ISBN 89-86151-63-4

---

* 잘못된 책은 바꿔 드립니다.

네트워크마케팅에 불을 붙여
활활 타오르는 성공의 불꽃으로 변화시키는 방법

열정을 가져라!

JAN RUHE

용안미디어

이 책을 당신에게 바칩니다.

그리고

당신은 자신이 누구인지 잘 알고 있습니다.

*젠루는 2002년 5월 3일과 4일 올림픽 체조경기장
특별 강연회에서 10,000명 이상의 사업자들에게
네트워크마케팅에 대한 열정을 불러일으켰다.

"성공을 거둔 모든 사람들은 뭔가 입증할
것들을 갖고 있다."

-젠 루

결코 포기하지 말라!

옮긴이 · 김 영 석

- 인하대학교 기계공학과 졸업
- 제일제당 근무
- BYU-Hawaii대학 인력개발학과 졸업
- Eastern Michigan 대학원 수학(조직행동과 관리)
- 스리랑카 심스 뮤직 지사장
- 한국 네트워킹 대표

『열정을 가져라!』에 대하여

"열정을 가져라! 그것보다 더 나은 것이 있다면 그것은 오직 개인적으로 젠 루에 의해 열정을 갖게 되는 것이다. 여러분이 만일 한 여성이 달성한 것처럼 0에서 6백만 달러를 벌 수 있는지, 그리고 여러분에게 그것을 이룰 수 있는 방법을 알려줄 수 있는 것에 관심이 있다면 젠이 쓴 책을 읽고 테이프를 들어라. 앞으로 일 년 동안, 적어도 한 달에 한 번은 테이프를 들어라. 그렇게 하면 여러분은 젠이 알고 있는 비법을 터득하게 될 것이며 그 사실은 여러분의 남은 인생을 행복하게 변화시킬 것이다."

- 존 밀튼 포그, 업라인과 네트워크마케팅 라이프스타일 잡지의 창시자

"나는 어디를 가든 젠의 정신을 지니기 위해 늘 〈열정을 가져라!〉를 가지고 다닌다. 이 책은 내가 하루를 시작하고 마감하는 데 있어 가장 좋아하는 방법이다. 〈열정을 가져라!〉는 사업에 대한 내 정열이 타오르도록 해준다. 나는 네트워크마케팅을 한 지 여러 해가 되었다. 이전 어느 때도, 젠 루를 알고 난 이후처럼 열정을 가졌던 적은 없었다."

-캐시 워커, 골드 세일 디렉터 디스커버리 토이즈, 캐나다

"젠은 이 책을 통해 여러분에게 진실된 경험을 말해 줄 것이다. 그녀는 〈열정을 가져라!〉에서 내게 훌륭한 가르침을 주었으며 내 인생을 바꾸는 계기가 되었다. 그녀는 가깝고도 친한 친구이며 그녀를 알게 됨으로써 최고의 인물이 되겠다는 나의 열정은 100배나 커졌다. 이 책을 읽어라. 그것은 여러분의 그룹을 위해 필수적인 것이다."

- 수 두프리즈, 바하티 어드밴처, 남아프리카

열정을 갖고 그것을 꼭 간직하고 꿈을 이루고자 한다면 젠 루에게 의지하라!"

- 랜디 게이지

"〈열정을 가져라!〉에서 젠 루는 최고의 네트워크마케팅 지도자로서 어려움을 극복하고 성공을 성취하는 데 필요한 지혜와 열정을 제공해준다. 책에서 말하는 개념을 자신의 것으로 만들어 사업하라. 고객들은 관심을 갖게 하는 카리스마와 열정으로 불타는 여러분을 지켜보고 있다!"

- 조 루비노 박사

"〈열정을 가져라!〉는 놀라운 사업을 키워가는 방법을 탐구하기 위해 내가 처음 읽은 책이다. 나는 이 책을 읽으면서 여러분도 꼭 읽어야 한다는 생각을 했다. 다음에 할 일은 다운라인에 있는 모든 사람에게 이책을 읽게 하는 것이다. 젠의 언어와 지혜가 주는 힘을 느껴보라. 〈열정을 가져라!〉를 여러 번 읽음으로써 내 삶이 바뀌었다."

- 캐시 바버, 캐나다

"〈열정을 가져라!〉는 필독서이다. 꿈을 이루겠다고 결심 했다면 이 책을 잃어라. 이 책에서 다루고 있는 목표를 설정함으로써 여러분은 열정에 불을 붙이고 열광적인 꿈을 꾸게 될 것이다. 돈을 벌 준비가 되어 있다면 결코 의심하지 말라. 이 책은 여러분에게 열정을 갖게 할 것이다. 그것은 수년 간 내 그룹에 그런 영향을 미쳤다."

- 캐시 스미스, 골드 세일즈 디렉터 디스커버리 토이즈, 미국

"〈열정을 가져라!〉는 모든 네트워크마케터들이 매일 열정을 유지하기 위해 책상 위에 놓고 읽어야 할 책으로 추천하고 싶은 책이다. 동기부여를 해주고 계속적으로 열정을 갖게 하는 일은 이 책을 읽을 때, 가능한 일이 될것이다."

- 니키 호킹스, 탑 디스트리뷰터 , 우사나, 호주

"젠 루와 〈열정을 가져라!〉를 생각할 때, 우리에게 교훈을 전해 줄 말이 많다. 이 사업에서 뛰어난 수완과 재능, 그리고 뛰어난 성공의 단계를 보여주고 우리들에 대해 보기 드문 열정을 갖고 있음을 보여주는 〈열정을 가져라!〉는 이 사업을 하는 우리 모두에게 보석과 같은 선물이 될 것이며, 젠의 지혜와 더불어 놀라운 성공의 열정을 지니게 될것이다. 여러분의 삶에 원하는 모든 것을 만들어 낼것이며 〈열정을 가져라!〉와 더불어 성공을 거둘 수 있다는 것을 믿어 의심치 않는다."

– 더그 파이어바우프, 패션 파이어 인더스트리

"〈열정을 가져라!〉는 진정으로 네트워크마케팅 사업을 성취한 네트워커가 쓴 몇 안 되는 책이다. 나는 진지한 마음으로 이 사업을 하려는 모든 사람에게 이 책을 권한다."

— 샌디 마르티네스, 에머랄드 이그제큐티브 뉴스킨, 필리핀 마닐라

헌정사

내 생애에서 가장 빛나는 세 개의 불빛인 자녀 클레이튼, 애슐리, 새라 화이트 그리고 나와 내 자녀들의 삶에 기여해준 모든 분들께 바칩니다. 감사합니다. 열정을 가지십시오!

인생은 과거에 일어난 일이 아닙니다. 과거는 역사일 뿐입니다. 인생이란 지금 이 순간에 일어나고 있는 일입니다. 인생은 하나의 아름다운 춤입니다. 때로는 여러분이 리드를 하고 때로는 춤을 배우기 위해 스탭을 따라 가기도 합니다.

"나는 우리들 가운데 천사가 있다고 믿는다."

−젠 루

열정을 갖겠다고 결심하라!

모든 e-메일과 전화

여러분이 나누는 모든 대화

여러분이 주관하거나 참석하는 모든 모임을 활용하여

모든 사람에게 여러분이 갖고 있는 비전을 알게 하라!

주위에 있는 사람들에게 열정을 갖게 하라!

열정을 가져라! 그리고 여러분에게 상처를 준 사람들을 용서하라!

열정을 가져라! 여러분이 사용하는 어휘와 선택하는 단어를

주의하라! 여러분은 강력한 힘을 소유한 사람이다.

소망의 불씨을 퍼뜨려라!

열정을 발산하라!

자신을 믿어라!

여러분이 하고 있는 옳은 일에 집중하라!

완전한 인간은 없는 법, 용서하라!

여러분은 과거를 돌이킬 수 없으니

자신의 목표와 꿈과 희망에 초점을 맞춰라!

기적을 믿되 그것들로 인해 놀라지 않도록 하라!

풍성한 식탁으로 오라, 그곳에 여러분의 자리가 마련되어 있을 것이다.

여러분이 거둔 성공은 커다란 은접시가 될 것이다.

어떤 일이 있더라도 계속 열정을 가져라!

여러분이 결심하는 날은 여러분의 삶을 영원히 변화시키는 날이 될 것이다.

삶을 위해 계속 열정을 갖겠다고 결심하라!

-젠 루

낙천주의자의 신조

자신에게 다짐한다.

어느 것도 평화로운 마음을 흔들 수 없도록 강한 사람이 된다.

만나는 모든 사람에게 건강, 행복, 그리고 번영에 대해 말한다.

모든 친구들로 하여금 그들에게 뭔가 훌륭한 것이 있다는 것을 느끼도록 한다.

모든 일에서 밝은 면만 보고 여러분의 낙천주의가 실현되게 하라.

최고만을 생각하고 최고만을 위해 일하며 최고만을 기대하라.

자신의 성공에 대해 열의를 갖는 것 만큼, 다른 사람의 성공에 대해서도 열의를 가져라.

과거의 잘못을 잊고 앞으로 성취할 더 큰 일을 재촉하라.

항상 즐거운 표정을 짓고 만나는 모든 사람에게 미소를 보내라.

다른 사람을 비판할 시간이 없을 만큼 자신을 발전시키는 데 시간을 활용하라.

걱정하지 않을 만큼 평화롭고 화내지 않을만큼 도량이 넓고 두려워하지 않을 만큼 강하고 문제가 생기지 않을 만큼 행복한 사람이 되라.

-세계적인 낙천주의자

목 차

열정을 가져라! 맹세

나는 평생 열정을 갖기로 결심했다!
나는 어떤 일이 있더라도 최고가 될 것이다!
지금은 자신의 능력에 불을 붙일 때다!
나는 더 이상 내 안에 있는 거인을 묶어두지 않겠다!

나는 위대한 것을 얻을 자격이 있으며 뒤로 물러서지 않을 것이다.
나는 오늘부터 내가 능력이 없다고 하는 사람들의 말을 더 이상 듣지 않겠다.
오직 할 수 있다고 말해주는 사람들의 말만 듣겠다!

나는 결코 성공할 수 없다는 것을 걱정할 필요가 없다!
나는 내가 하는 일의 성공과 실패는 내 자신의 열정에 달려있다는 것을 알고 있다.
나는 삶을 위해 열정을 갖고 있다. 지금 그 어느 것도 나를 막을 수는 없다.

나는 나를 이끌어주고 격려해주는 사람들의 말을 듣고 외적 요인에 의해서가 아니라 자신의 내부로부터 동기부여를 받을 것이다!
나는 기품을 갖고 미래로 나아갈 것이다!
나는 만나는 모든 사람에게 부와 건강, 행복에 대해 말할 것이다!

나는 개척자들을 따를 것이며 내가 원하는 라이프스타일대로 생활할 것이다!

　나는 내가 누릴만한 라이프스타일을 적극 추구할 것이다!

　나는 목표를 달성할 때까지 중단하지 않을 것이다!

　나는 다른 사람들을 관리하는 것이 아니라 리드할 것이다!

　나는 오늘부터 내 자신을 관리하여 장차 다른 사람들을 환상적이고 믿을 수 없는 미래로 인도할 것이다!

　나는 삶에서 어떤 일이 일어나더라도 계속 열정을 갖고 전진할 것이다!

　나는 나를 지도하지 않거나 따르지 않는 사람들을 포기하지 않을 것이다!

　나는 아무리 많은 시간이 걸리더라도 성공을 위해 기꺼이 노력할 것이며, 더 많은 책을 읽고, 더 많은 테이프를 듣고, 목표를 성취할 때까지 나 자신을 믿을 것이다.

　나는 이 시각 이후로 위대한 꿈을 향해 전진할 것이다!

　내가 열정을 갖고 있다는 것을 알아주기 바라며, 오늘부터 어느 누구도, 어떤 상황도, 나를 넘어뜨리거나, 흔들거나, 고귀한 꿈에 대한 나의 열망을 꺾을 수 없을 것이다!

　나는 열정을 가졌다!

머리말

젠 루는 나의 가장 친한 친구이다.
새라 자넬 화이트,

나의 가장 친한 친구는…

…모든 사람들이 내 주위에서 다 사라지고 난 뒤에 등장한다.

…나의 권리와 자존심을 지키도록 돕기 위해 내 옆에 서 있다.

내 엄마는 참 좋은 친구이다.

내가 처음으로 울고, 웃고, 엄지를 빨고, 먹고, 마시고, 길 때, 그녀는 항상 내곁에 있었다.

그녀는 내가 걷고, 뛰고, 자전거 타는 것을 지켜보았다.

그녀는 나의 모든 생일 파티를 계획하고 준비 했으며 내가 처음 학교에 가는 것을 지켜보았다. 축구 경기, 피아노 연주회, 아이스 스케이팅, 소녀단, 탭, 발라드 그리고 재즈 경연대회, 체력 단련과 응원 캠프, 팀이 경연 연습 하는 동안 사랑과 격려를 아끼지 않았다.

그녀는 나의 첫 사랑을 지켜보았으며 어려운 일이 있을 때, 항상 내 손을 잡아주었다.

그녀는 내 눈물을 닦아주었으며 다친 무릎에 밴드를 붙여주었다.

내가 미소 지으면 같이 미소 짓고 내가 웃으면 같이 웃었다. 모든 남자 친구와 가장 친한 친구들을 사귀는 동안 늘 지켜보며 조언을 아끼지 않았다.

그녀는 내게 처음으로 립스틱과 하이힐 그리고 핸드백을 사주셨다. 우리는 소유한 것을 서로에게 줄 때, 작은 것을 주지만 자신의 사랑을 줄 때는 진정 아낌없이 주었다. 그녀는 우리에게 참으로 많은 희생을 하셨다.

그녀는 열 살 미만의 세 자녀를 돌보는 편부모였지만 결국 우리들을 성공적으로 키워주셨다.

그녀는 결코 포기하지 않았다. 그녀는 결코 "그만둔다"는 말을 생각해 본 적이 없었다.

그녀는 머리를 동여 메고 성공을 향해 힘차게 뛰어 나갔다.

그녀는 내게 '영감'과 '존경'이라는 말의 뜻을 가르쳐주었다. 나는 엄마을 가장 존경하며 그녀의 꿈을 성취하는 것 이외에는 아무것도 바랄게 없다.

수 년 동안 그녀는 우리를 먹여 살리기 위해 새벽 2시까지 일했으며 계획하고, 준비하고, 전화 하고, 서류를 작성하고, 제출하고, 책을 읽고, 테이프를 듣고, 제품을 판매하고 후원했다. 어찌됐든 우리는 모든 것을 다 할 수 있었다. 스포츠와 각종 행사에 참가할 수 있었으며 가장 좋은 옷을 입었다. 가끔 한밤중에 그녀의 사무실로 찾아가 일하는 모습을 보곤 했으며 베개와 이불을 들고 가 그녀가 일하는 옆에서 잠을 자기도 했다.

물 밖으로 고개를 내밀고 살아남기 위해 했던 모든 일은 이제 끝났다.

그녀는 성공에 관한 것이면 무엇이든 공부하고 반영함으로써 일을 시작했다.

그녀는 매일 자신의 사업을 구축하기 위해서 전문가들이 보여준 언행을 따라했다.

그녀는 집,주방에 사무실을 차려놓고 일하면서 우리를 돌보며 키워주셨다.

아무도 그녀를 도와주지 않았지만, 내면에 있는 뭔가가 그녀를 계속하여 일하도록 해주었다.

19년 후, 그녀의 네트워크마케팅 회사는 가장 크고 성공적인 회사의 하나가 되었으며 전국적으로 그녀의 그룹에 속한 7천 명 이상의 남녀들이 매달 수백만 달러의 판매고를 올리고 있었다.

그녀는 전국을 돌며 세미나를 열고, 사람들에게 그녀가 거둔 성공담과 정상에 오르는 과정과 비결을 열정적으로 설명해 주었다.

그녀는 나에게 삶에 대한 많은 것을 가르쳐주었다. 특히 인생에서 원하는 것을 얻고자 할 때, 자신의 믿음이 가장 중요 하다고 가르쳐주었다.

"믿음은 성공의 촉매작용을 한다."

"성공할 수 있다"고 스스로를 믿는 것이 성공의 요인중 가장 어려운 부분이다. " 할 수 있다고" 믿지 않는다면 당신은 최대한의 노력을 하지 않게 되기 때문이다.

성경에서 믿음은 산도 옮길 수 있다고 한다. 즉, 성공할 수 있다는 믿음이 성공을 가져다준다는 얘기다. 강한 믿음은 성공할 수 있는 방법과 길을 생각나게 도와주기 때문이다. 또 그 믿음은 남에게도 당신에 대한 신뢰감을 더해 준다.

이세상에서 가장 강한 힘은 자기 자신을 믿는 의지와, 높은 목표를 향해 자신있게 자신들이 원하는 것을 성취하러가는 사람들의 의지라는 것을 믿는다.

나는 할 수 있다! 이것은 사람에게 있어 자신이 달성할 수 있다고 믿는 믿음과 실제로 그가 달성할 수 있는 가능성의 차이는 매우 작다. 때문에 먼저 "할 수 있다고 믿어야 된다. 믿음없이는 행동이 결코 일어날 수 없기 때문이다. 믿고 성공하라.

일을 마치는 것보다 더 나은 성공 공식이 있을지 모른다. 그러나 그것은 무엇인지 모른다. 어떤 사람이든 어렵고, 심란하고, 보이지 않는 어떤 문제에도 불구하고 훌륭한 동기를 갖고 계속 열정을 지니고 유지할 때, 위대한 인격의 힘이 나타나는 것이다. 삶에서 실패하더라도 여러분은 처음부터 다시 시작할 수 있다. 열정을 갖는 데 늦은 시간이란 결코 없기 때문이다. 바로 실천하라!

그녀는 일하는 주부이지만 우리를 위해 열정을 불태우며 시간적인 어려움이 있어도 항상 우리와 함께 하고 있다.
오빠 클레이튼, 언니 애슐리, 그리고 내게 성공의 전형적인 모델인 어머니, 아니 가장 친한 친구인 젠 루가 있다는 것은 얼마나 큰 행운인가!
여러분도 젠루와 행운을 같이 하시길 빕니다.

1. 열정을 가져라!

그러므로 모두 열정을 가져라! 나는 여러분이 앞으로 일 년, 한 달, 하루, 그리고 다음 일 분 동안 최고가 되고 가장 열정을 지닌 사람이 되는 데 도움이 되는 몇 가지 생각을 나눌 수 있어 설레는 마음을 금할 수 없다!

나는 여러분과 이런 정보를 나누는 일이 너무나 기쁘다.

많은 사람들이 내게 이렇게 묻는다.

"젠, 도대체 성공의 비결이 뭐예요? 어떻게 다단계 사업을 통해 백만장자가 되었어요? 어떻게 거대한 네트워크마케팅 그룹을 만들었죠? 그 일을 성취할 수 있었던 힘은 어디서 나온 거예요?"

책을 더 읽어나가기 전에 이 질문에 대한 답부터 하기로 하자.

나는 이 책에 있는 것을 하나도 빠뜨리지 않고 모두 정확하게 실천했다. 이 책을 통해 여러분이 성취하는 일들을 확인해 보라!

이것은 여러분이 읽고 있는 논리나 개념이 아니다. 이것은 내 인생 이야기이다.

내가 하는 모든 것이, 그리고 여러분이 이 책에서 배우게 될 모든 것이 여러분에게 다 적용되지 않을 수도 있음을 이해하기 바란다. 그러나 여러분이 이 책에서 얻은 한 가지 아이디어가 여러분을 정상으로 끌어올리는 계기가 된다면 그것은 가치 있는 일이 될 것이다.

나는 동기부여 하는 사람이 아니다. 여러분 자신이 가장 훌륭한 동기부여자인 것이다. 나는 단지 여러분을 고무시키고 교육시키는 한 사람의 코치가 되고 싶을 뿐이다.

나는 치어리더도 아니다. 내가 말할 수 있는 것은 그대로 실천했더니 일이 되더라는 것이다. 비록 여러분이 사용하는 아이디어가 한 가지 일지라도 중요한 것은 그것이 여러분에게 일을 성사시켜 주는 것이라면 높은 가치와 동기부여를 해준 것이다.

여러분이 연구하고 모델로 삼을 챔피언을 찾고 그렇게 되기로 결심했다면 여러분은 모든 순간을 배움의 기회로 전환시켜야 한다. 여러분이 스승으로 삼고 싶은 사람에게 다가가라. 아메리카 한 가운데 영예의 전시장이 있다면, 나는 그 특별한 전시장에 스승님을 전시할 것이다.

톰 홉킨스는 내 조언자였다. 그와 함께 처음으로 세미나에 참석한 후 내 인생은 바뀌기 시작했다. 나는 그가 온종일 진행하는 세미나에 일곱 번이나 참석했으며 그의 강연이 내 인생을 바꾸어 놓았다. 또 다른 내 조언자는 짐 론이다. 그는 철학자이자 훌륭한 연사이다. 그는 나를 위해 시간을 내주었으며, 인생을 값지게 만드는 것과 매 순간을 가장 가치있게 사용하는 것에 대해 누구보다도 많은 것을 가르쳐 주었다. 나는 우리 아이들을 그의 세미나에 데리고 가기도 했었다.

　다음은 업라인의 창설자이며 〈석세스〉지에 공헌하고 있는 편집인인 존 밀튼 포그이다. 존 역시 내 친구가 되었다. 여러분은 자신의 영예 전시장에 누구를 전시하고 싶은가? 그들이 누가 되었든 가능하면 빨리 찾아내도록 하라. 그리고 여러분의 조언자들이 말하는 것을 정열적인 마음으로 배워라. 그들이 쓴 모든 것을 읽고, 테이프를 듣고, 비디오를 보고, 그들의 세미나에 참석하고 또 참석하라. 그들이 경험한 것에 대해 말하는 것을 귀담아 듣고… 그들이 하는 말을 사용하고 그들로부터 모든 것을 배워라. 여러분도 뛰어난 사람이 될 수 있다. 여러분이 열정을 가진다면 아주 특별하고 믿기지 않는 멋진 결과를 성취하지 못 할 이유가 전혀 없다. 열정을 갖게 된다는 것은 각기 다른 사람들에게 새로운 시작을 의미한다. 이 책에서 나는 열정이 주는 의미를 말하고자 한다.

　이제 여러분이 자신의 새로운 모습을 만들어낼 때이다. 더 이상 자신을 전과 같은 방법으로 보아서는 안 된다. 나는 여러분이 그렇게 하도록 내버려두지 않을 것이다. 열정을 갖는다는 것은 그저 순간적인 응원과 같은 것이라고 생각하지 말라. 열정을 가져라! 내가 말하고자 하는 것은 서서히, 그러나 꾸준하게 타오르는 영원한 불빛이다. 그것은 여러분의 정열을 연료로 하여 내부에서 타오르는 용광로인 것이다.
　여러분이 진정으로 열정을 갖는다면 여러분 주변에 있는 사람들은 그 열정에 녹아 내리거나 불을 붙이게 될 것이다.

한 가지 기억할 것은, 주는 대로 얻게 된다는 것이다. 열정을 갖게 되면 여러분은 아는 모든 사람과 만나는 모든 사람에게 그 열정을 나누어줄 것이며 그들은 그것을 1만 배 이상 늘려 여러분에게 되돌려줄 것이다.

여러분은 어쩌면 내가 쓴 MLM Nuts & Bolts를 읽어봤을 것이다. 여러분은 나의 테이프를 듣거나 내가 강연하는 세미나에 참석해 보았을 것이다. 그렇게 했더라도 이것이 처음으로 함께 하는 자리라고 생각하라.

뭔가 배우기 위해서는 먼저 배우고 싶은 마음이 있어야 한다. 그이유는 무엇인가? 생각이란 낙하산과 같아서 그것이 펴지기 전에는 아무 쓸모가 없기 때문이다!

다음과 같은 말로써 시작하라. "나는 훌륭한 코치이다… 나는 정말 내 자신을 위해 그 일을 할 수 있다… 나는 내 자신을 열정적으로 도울 것이다…"

이런 아이디어가 여러분에게도 적용될 수 있을까? 솔직히 말하면 나도 잘 모른다. 그것을 알 수 있는 가장 좋은 방법은 그것을 활짝 펴서 새로운 아이디어가 잘 맞는지 시험 해보고 그것이 잘 맞으면 사용하는 것이다. 여러분이 여기서 배우는 것을 활용할 수 없거나 맞지 않으면 집어던지고 전에 하던 것을 다시 사용하라. 언짢은 느낌을 가질 필요도 없고 모두에게 아무런 이상도 없다.

여러분과 나는 서로 다른 점보다는 같은 점이 더 많을 것이다. 이 책에는 여러분이 연간 1천만 달러의 판매 실적을 올릴 수 있도록 그룹을 구축하는 데 도움을 주는 아이디어들이 실려 있다.

여러분들 삶의 질은 대화의 질이라고 할 수 있다.

CANI라는 철학으로 삶을 시작하라. CANI란 꾸준하고 끝이 없는 발전(Constant and Never-Ending Improvement)이란 의미이다.

다른 견해도 즐겨 들되, 오직 실천하는 사람들에게서만 배우도록 하라. 나는 책을 많이 읽고, 영화를 좋아한다. 책이나 영화 혹은 노래에서 한 가지 아이디어를 얻을 수 있다면 그 아이디어를 생활에 이용하는 것은 지혜롭고 훌륭한 일이다.

여러분의 행복을 좌우하는 것은 무엇인가?

날씨, 정치, 경제, 누군가 여러분을 사랑하거나 사랑하지 않는다는 사실, 여러분의 인간관계, 부모 형제, 혹은 여러분의 이웃? 진정으로 여러분의 행복을 좌우하는 것은 무엇인가?

사람들은 매일 판매 실적이 저조하거나 리크루팅이 잘 안 되거나 스폰서링이 원하는 대로 되지 않는 것에 대해 온갖 변명을 늘어놓는다. 내가 알아낸 바로는 그것은 내게 적용되지 않는 얘기이다. 왜냐하면, 나는 변명이라는 놀음은 하지 않기 때문이다.

일을 성취시키지 못 한 것은 이유가 있고 성취시킨 것도 이유가 있다. 인생에서 의미 없는 일은 없다. 우리는 지구에 살면서 시간에 대한 책임을 지고 있으나, 그것이 과거 여러분에게 진정한 변화를 가져다준 것은 아니었다. 그것은 오늘 이 시간부터 여러분이 해야 할 일이다.

그것이 변화를 가져다 줄 것이다.

여러분은 5분 전에 있었던 일을 되돌릴 수는 없다.

활용할 수 있는 시간은 오직 지금뿐이며 더 밝고, 더 좋은, 큰 내일을 건설하는 일을 시작할 수 있을 뿐이다.

여기 궁극적인 성공의 공식이 있다.

자신의 결과를 알라!

여러분은 무엇을 성취하려고 하는가?

대부분의 사람들은 자신들이 원치 않는 것이 뭔지 알고 있으며 그것을 피하기 위해 많은 신경을 쓴다. 하지만 문제는 신경을 쓰는데도 불구하고 종종 그 함정에 빠진다는 것이다. 피하기 위해 애쓰기보다 원하는 것에 초점을 맞춰 헤쳐 나가라.

인생은 우리에게 시험처럼 보인다. 여기 인생의 모든 시험에 'A+'를 주는 F로 시작하는 단어가 있다. 그 단어는 Faith(믿음)이다. 자신을 극복하라. 여러분 자신이 매일 나아지고, 더 나아지고, 또 나아지기 위해, 하고자 하는 일에 충실하고 여러분 자신을 극복해라. 매일 자신을 발전시키도록 노력해라. '나아져라. 나아져라. 더 나아져라.'

한꺼번에 나아지는 것이 아니라 조금씩 조금씩 나아져라.

한 달에 2만 5천 달러를 버는 사람이 있는가 하면, 같은 시간에, 같은 장소에서, 같은 일을 하면서 25만 달러를 버는 사람도 있다. 그 차이점은 무엇일까?

열 배의 수입을 올리는 사람은 실제로 열 배가 나은 것인가? 열배가 똑똑한 것인가? 열정이 열배가 많고… 재능이 많고… 열 배의 동기부여가 된 것인가?

　결코 그렇지 않다.

　여러분은 매일 조금씩 나아지기만 하면 된다. 해야 할 일은 그것 뿐이다. 매일 3분의 1%만 나아질 수 있다면 일년 후, 시작했을 때 보다 100% 좋아질 수 있는 것이다.　그것은 지금보다 두 배나 좋아 진다는 것을 의미한다. 100% 좋아질 것에 대해 생각해라.

　장난삼아 하는 일을 중단하라. 장난삼아 한다면 결코 목표를 이룰 수 없다. 결코 아무 일도 성취하지 못 할것이다. 대부분의 사람들이 이런식으로 일을 하고 있다.

　사람들은 이렇게 말한다. "아마 6개월 후에 할겁니다…"　우리는 이런 것을 임종시의 '가래 끓는 소리' 라고 한다.

　사람들은 또 이렇게 말한다. "해보겠습니다." 그것도 가래 끓는 소리다.

　여러분은 자신의 인생과 일에 대해 긴박감을 가져야 한다. 영화 '스타워즈'에서 요다가 뭐라고 했는지 기억하는가? "하든지 아니면 안 하는 거야. 해보겠다는 것은 없어."

　승리하는 사람에게 시도란 없다. 승리하는 사람은 오직 실천할 뿐이다. 그들은 열정을 갖고 실천하는 것이다.

　여러분은 다른 누구와 경쟁하는 것이 아니라 자신과 경쟁할 뿐이다.

　자신을 다른 사람과 비교하는 실수를 저지르지 말라. 그것은 막다른 지점에서 하는 게임이다. 오직 여러분이 비교할 수 있는 사람은 자신뿐이다.

그 이유를 아는가? 세상에는 여러분과 같은 사람이 없기 때문이다. 여러분 자신만이 유일한 존재이다.

자신을 더욱 개선시켜라. 꾸준히 그리고 끊임없이 자신을 개선시키는 일, 그것이 여러분의 목표다.

상상해 보라!
가장 위대한 시는 이미 지어졌는가?
가장 위대한 걸작은 이미 그려졌는가?
가장 위대한 음악은 이미 작곡되었는가?
가장 위대한 신문기사는 이미 발표되었는가?
가장 위대한 성공라인은 구축되었는가?

결코 그렇지 않다!

여러분은 변하고, 변하고, 또 변해야 한다. 선택의 여지가 없다. 모든 것은 항상 어떤 형태로든 변하고 있기 때문에 여러분도 그에 따라 변하지 않는다면 뒤처지고 말것이다. 자동차 산업을 예로 들어보자. 자동차 제조업자가 "신사숙녀 여러분, 향후 5년 동안 새로운 모델은 없습니다"라고 했다면 애석한 일이 아니겠는가? 사람들은 최신 모델을 원한다. 새로운 형태에 새로운 색상의 차가 고속도로를 달리는 것을 보는 일은 즐거운 일이 아닌가?

컴퓨터 분야의 종사자들이 다음과 같이 말한다면 어떻겠는가? "여러분, 우리는 이제 갈 때까지 갔습니다. 더 이상 신제품을 선보이지 않겠습니다. 아무 것도 변경시키지 않겠습니다. 우리는 모든 것을 현 상태 대로 유지하겠습니다."

그런 일은 없을 것이다. 사람들은 최신, 최고를 원한다. 즉, 생활을 더 빠르게, 더 편리하게, 더 안전하게, 더 풍요롭게, 더 생산적이도록 돕는 무엇인가를 원한다.

또 다른 예는 구세대 컨트리 싱어와 신세대 컨트리 싱어를 들 수 있다. 구세대 컨트리 싱어는 과거의 향수를 전해준다. 신세대 컨트리 싱어들의 노래와 여흥을 생각해보라. 변화된 그들 노래 스타일의 차이점과 그들이 무엇에 대해 노래하는지 들어보라. 변화된 신세대 노래가 있기에 구세대 향수도 느낄 수 있는 것이다.

변화하고 발전하는 것이 가장 좋은 것이다.
변화에 대비하고 변화할 수 있는 사람이 되어라. 네트워크마케팅 그룹에서 새로운 지도력을 보여주려는 사람들은 우리가 다음 세기로 움직여가는 동안, 이 산업에서 가장 큰 성장이 이루어지고 있는 것을 지켜보는 사람들이다.

여러분이 가고 있는 방향에서 이미 그 성취 결과에 따라 생활하고 있는 사람들의 행동을 만들어 내는 것이 진정한 열쇠가 된다.

이 사람들은 여러분에게 올바른 방향, 여러분이 열정을 지니고 그것을 유지할 수 있는 방향을 보여줄 것이다.
여러분이 말하기 위해 택하는 작은 단어 하나 하나가 여러분의 운명을 좌우한다. 여기 여러분이 사용하는 어휘 가운데 없애야 할 단어들이 있다. 펜을 꺼내 그것들을 적어보자.

실패
실수
잘못
거짓말
좌절
문제
두려움…

F-E-A-R(두려움)이란 큰 뜻을 가진 단어이다. 별것 아닌 것처럼 보이지만 다음과 같은 큰 뜻이 있다.

"False Evidence Appearing Real."
(거짓 증거가 진짜처럼 보인다.)

없애버려야 할 단어 가운데 리스트에 더 추가할 것들이 있는가?
여러분에게 있었던 경험을 생각해보고 그것으로부터 알게 된 것과 알지 못한 것, 또한 성취한 것이 있는지 생각해보라. 마스터들은 항상 그들의 경험을 돌이켜보고 그것으로부터 성장한다. 나는 실패를 믿지 않는다. 어려움에 직면하면 그저 다음과 같이 말하라.

"나는 뭔가 배울 것이다."

여러분은 성장하겠다는 순간들을 포착하기 시작하는 것이다. 배움을 행동으로 옮길 때, 여러분은 지도자가 되기 시작하는 것이다. 지도자가 되기 위해 자신을 발전시켜라.

본보기가 되어라. 그리고 반응하는 사람이 되어라.

열정을 갖는 몇 가지 방법과 여러분이 사용할 수 있는 전략

1. 꾸준히 긍정적인 결과를 만들어낸다.
2. 다른 사람이 꾸준히 긍정적인 결과를 만들어내도록 돕는다.
3. 어딘가 있는 누군가를 긍정적으로 리드한다.

여러분은 올바른 전략을 갖고 있어야 한다. 그렇지 않으면 별 효과도 없는 곳에 많은 에너지를 쏟게 된다. 그것은 마치 석양을 보기 위해 동쪽으로 뛰어가는 것과 같다. 쓸 데 없는 일이다. 새로운 전략을 세워라.

새로운 전략은 마치 새로운 컴퓨터를 갖는 것과도 같다. 새로운 컴퓨터를 갖게 되면 때로 커다란 문제가 되기도 한다. 여러분은 자신이 알고 있는 방법에 따라 새로운 컴퓨터를 조작하려 하지만 그것은 새로운 컴퓨터에 적용되지 않는다. 그러나 일단 새로운 프로그램에 익숙해지면 여러분은 여러가지 일에 새로운 기능을 적용할 수 있게 되고 큰 흥미를 갖게 될것이다. 많은 시간을 절약하게 되고… 새로운 컴퓨터의 힘은 여러분에게 새로운 가능성을 열어주게 된다.

있는 힘을 다해보라. 그것은 잠시 동안 여러분에게 힘든 일이 되겠지만 새로운 아이디어들을 거듭 사용하다보면 흥미 있는 일이 될 것이며 매우 생산적인 결과를 낳게 될 것이다.

사람들이 이렇게 말하는 것을 들어본 적이 있는가? "정상에 있다는 것은 외로운 일이야."

여기 몇 가지 뉴스가 있는데… 정상에 있다는 것은 결코 외로운 것이 아니고 매우 생산적이라는 것이다. 사실, 정상에서 바라보는 광경은 다른 어떤 곳에서도 볼 수 없는 것이다!

여러분이 지닌 능력이나 기술 저편에 있는 뭔가를 하겠다고 다짐하라. 그리고 여러분을 지지하는 사람들에게 공개적으로 결심한 것을 보여주어라.

그 일에 완전히 몰두하여 자신을 생리학적으로 도저히 중단시킬 수 없는 존재가 되도록 만들어라. "나는 반드시 한다"라는 태도로 더 빨리 시작하라. 우리가 사는 세상은 너무나 빨리 변하고 있으며 우리도 그 변화에 대비해야 한다. 여러 세대에 걸쳐 변화한 모습, 즉 50년 걸리던 것이 이제는 5년도 채 안 걸린다는 것이다.

여러분은 자신의 사업을 운영하기 위해 새로운 기술을 습득하고 새롭고 더 나은 방법들을 배워야 한다.

배우는 방법을 배워라. 그것이 가장 좋은 방법이다.

어떻게?

다른 사람들의 성공 전략들을 빌려와라.

빌리는데 부끄러울 것은 없다.

여러분이 새로운 모든 것을 스스로 만들어야 한다고 누가 말했는가? 빌려라.

성공한 사람이 있다면 그의 어깨너머로 답을 보고 베껴라.

좋은 것은 사용하고 쓸모없는 것은 던져버려라.

나는 평생 남들로부터 전략을 배워왔고 그것이 곧 성공의 열쇠가 되었다. 여러분이 성장하고, 더 커지고, 더 나아지고, 더 밝아지고, 더 흥분하고, 더 열정적으로 되고 싶다면 "예"라고 말하라.

여기 대그 해머스콜드(Dag Hammerskold)의 명언이 있다.
지금까지 존재해온 모든 것에 대해 나는 **'감사'**를 표한다.
앞으로 존재할 모든 것에 대해 나는 **"예"**라고 말한다.

듣고, 배우고, 변화하고, 성장하고 정상에 선 전달자가 되는 방법을 배워라. 최고의 전달자들을 연구하라. '예'라고 말하는 사람들을 연구하라.
"그러나 내가 '예'라고 하면 일을 엉망으로 만들텐데요… 저는 상처를 입을 겁니다." 아마 그럴지도 모른다. 우리는 모두 아픔을 경험한다. 우리는 당연히 그것을 받아 들여야 하고 그런 일이 일어날수록 인내 해야 한다. 고통은 뭔가 제대로 안 되고 있음을 말해주는 신호이다. 그 고통은 여러분을 더 나은 방향으로 갈 수 있도록 안내하는 신호등이 되어야 한다.

여러분으로 하여금 도전하도록 만들고, 힘들고 흥미 있는 길로 이끌어주는 팀에 가입하라.
여러분이 만일 내가 말 한 것에 동의한다면 그것은 내게 기분 좋은 일이다. 그러나 진지하게 생각해 보면, 여러분이 동의하지 않는 것이 변화를 가져다 줄 수 있는 것일 수도 있다. 동의한다는 것은 편안하다는 것이다. 그리고 이것은 자신의 위안 지대를 형성하는 것일 수도 있다.

이 책에서 혹은 이 세상의 어떤 것에서든지 가장 좋은 것은 취하고 나머지는 남겨두어라.

여러분에게 도움이 되는 F로 시작하는 다른 단어가 있다.

'Follow through' (실행, 점검)

네트워크마케팅에서 성공하려면 실행해야 한다. 생각을 실행하고, 행동을 점검하고, 약속을 실행하라. 그리고 Follow up하라!

성공을 위한 간단한 여섯 단계

1. 네트워크마케팅에 뛰어 들어라.

네트워크마케팅이 여러분 가슴에 뛰어들 날이 있을 것이다. 그런 일이 일어나면 여러분은 성공할 수 있고 당연히 성공하게 될 것이다.

2. 제품을 사용하라.

집에서 사용할 수 있는 모든 제품을 사용하라.

3. 사람들을 리크루트 하라.

여러분이 하고 있는 네트워크마케팅 사업에 사람들을 리크루팅하는 것은 어려운 일이 아니다. 오랫동안 계속되는 지속적인 수입원을 만들기 위해 적극적인 디스트리뷰터 다섯에서 열 명만 후원하면 된다. 더 많은 사람들을 후원하고 리크루트 할수록 여러분의 장려금은 많아 질 것이다.

4. 모든 훌륭한 미팅, 세미나, 행사 등에 참석하라.

결과를 만들어내고 꾸준히 배우고 성장하는 사람들이 가르치는 모임과 행사에 참석하라. 정보를 얻고 여러분이 하고 있는 사업과 관련하여 일어나는 일과 계속 접촉을 유지하라. 같은 생각과 같은 느낌을 갖고 있는 사람들과 교류하라.

5. 즐겨라.

이것은 필수적인 일이다. 네트워크마케팅에서 성공을 거두려면 여러분은 하고 있는 일을 즐겨야 한다. 같은 마음을 갖고 있는 사람들과 함께 어울리는 것은 설레이는 일이 아닌가? 여러분은 가장 좋아하는 것을 가장 잘하고 가장 잘하는 것을 가장 좋아한다는 것을 알고 있을 것이다. 자신이 하고 있는 일을 즐겨라. 더 즐겨라. 그것은 꼭 필요한 일이다.

6. 정신을 살찌워라.

개인적인 성장과 발전 프로그램을 시작하라.

2. 리더십

여러분은 우리가 사는 세상을 더 좋은 곳으로 만들 수 있다.

모든 사람은 언젠가 가정에서, 직장에서, 혹은 사회에서 리더가 될 수 있는 기회를 갖고 있다. 위대한 리더가 된다는 것은 큰 노력을 요하는 도전적인 과제다. 위대한 리더들은 사람들의 마음과 정신에 감동을 준다. 그들은 다른 사람들이 그들을 따라오도록 설득할 수 있는 능력을 갖고 있다. 왜냐하면 그들은 다른 사람을 이롭게 하는 가치 있는 목표를 갖고 있으며 그런 목표를 성취하는 방법에 대한 비전을 갖고 있기 때문이다.

리더란, 목표를 성취하기 위해 가는 길을 알고 있으며, 그 길을 걷고 있다. 또한 리더로서 카리스마와 특별한 자질을 갖고 있다.

카리스마는 직업에 대한 확신에 대립되는 것으로서 개인적인 확신을 말한다. 즉, 누군가 자신이 하고 있는 일을 분명히 알고 있다는 느낌을 말한다. 카리스마는 자신이 대단하다는 것을 편안하게 느끼는 것이다. 그것은 자신이 하고 있는 일에 대해 편안한 마음을 갖고 있기 때문에 결코 불편한 모습을 나타내지 않는 능력이다. 그것은 여러분이 다른 사람들에게 반응을 보이는 것과는 반대로, 미묘하게 그들로 하여금 여러분에게 반응을 보이게 하는 능력이다.

카리스마를 갖고 있는 사람들은 자신의 인생에 대해 책임을 가지고 있는 것처럼 보인다. 또한 목표와 목적과 방향이 설정되어 있는 것처럼 보인다.

1그램의 정열은 1킬로의 테크닉과 맞먹는 가치를 갖고 있다. 카리스마는 테크닉이 아니라 순수한 에너지이다.

나폴레옹은 나쁜 병사란 없고 오직 나쁜 장교만 있을 뿐이라고 말했다. 위대한 장군들은 자신의 부대를 선봉에 투입시켜야 한다는 것을 알고 있다. 그들이 종종 부대원들이 먹는 식당에서 함께 식사를 하는 이유가 여기에 있다. 팀의 사기는 종종 그런 작은 일에서 시작 된다.

개인의 존엄성을 존중하라.

모범으로 리드하라.

사람들이 리드하고 싶어 하는 이유에는 여러 가지가 있다.

어떤 사람들은 권력과 위신과 특권을 얻을 수 있는 기회라고 생각한다. 그러나 진정한 리더가 되는 많은 사람들은 다른 사람들이 갖고 있는 훌륭한 점들을 본다. 진정한 리더의 특징은 다른 사람들을 위해 봉사하는 것이다. 오늘날 우리는 그런 사람들을 '하인 리더' 라고 부른다. 여러분은 이런 자질들을 갖고 있는가?

리더란…

- 개인, 가족, 사회 그리고 국가적인 의무를 충실히 수행한다.
- 다른 사람들을 지배하기보다는 그들을 위해 봉사하고 리드하려 한다.
- 아무도 하지 않으려는 일에 솔선수범 한다.

- 불편한 상황이라도 정의를 위한 것이라면 앞장선다.
- 낙담한 사람들을 격려한다.
- 인기는 없지만 필요한 입장을 택한다.
- 가진 것이 적거나 아무 것도 없는 사람들을 돕기 위해 일부 사치스런 것들을 소비하지 않는다.
- 다른 사람들의 개성과 자유를 존중한다.
- 자신을 존중하고 돌보며 천부의 재능을 발전시킨다.
- 도전을 두려워하지 않는다.

실제로 여러분이 리더십에 대해 듣거나 읽는 모든 것은 리더십이 마치 솔로 연주인 것처럼 '리더'가 하는 것에 대해 초점을 맞춘다. 그러나 실제로 세상에 있는 많은 리더들을 살펴보고 연구해 보면 여러분은 그들이 모두 팀을 구성하고 있다는 것을 알게 될 것이다. 네트워크마케팅에서도 업라인, 다운라인, 그룹이라는 팀을 구성하고 있다.

강력한 리더로서 기술을 개발하는 한 가지 방법은 효율적인 대화법을 배우는 것이다. "해야 할 말을 아는 것만으로는 충분하지 않다. 말하는 방법을 알아야 한다."

- 말하기 전에 생각하라.
- 생각을 정리하라.
- 입을 열기 전에 해야 할 말과 어떻게 말할 것인지를 결정하라.
- 다른 사람을 염두에 두어라.
- 다른 사람들의 견해와 관심사를 이해하라.
- 비꼬거나 개인적인 모욕 또는 편을 드는 언사를 피하라.
- 눈을 보고 대화하라. 그리고 이것이 단지 눈을 보는 것 이상의

의미를 갖고 있음을 인지하라. 여러분이 청중을 똑바로 쳐다본다면 주장하는 바가 관철되고 있는지 쉽게 알 수 있다.

- 다른 사람들의 말을 잘 경청하라. 중간에 말을 끊지 말고 주의를 기울여 대화하라. 다른 사람들의 아이디어로부터 배워라.

리더가 된다는 것은 때로 어려움과 오해와 위험을 수반하기도 한다. 결심과 인내력은 리더가 지녀야 할 필수 요소이다.

위대한 일을 성취한 위대한 리더들은 다른 사람들을 위해 리드한다는 것이 봉사한다는 것임을 잘 알고 있다. 그들은 다른 사람이 필요로 하는 것이 무엇인지 알고 잠재력을 개발하도록 도와주고자 한다. 그들은 위대한 하인이다.

우리는 대부분 다른 사람을 리드하기보다 다른사람을 따르는 동안, 일이 끝나기를 바라는 마음으로 일한다. "이것은 어떤 도움이 될까?"라고 생각하는 것은 항상 어떤 상황에서도 여러분에게 유리한 입장을 만들기 위한 것이다.

- 리더에게서 무엇을 배워야 하는가? 궁극적으로 여러분은 자신의 삶을 이끌어 나가기 위해 자신의 결정에 대해 항상 책임을 져야 한다는 것이다.
- 리더가 되고자 한다면 될 수 있다. 리더가 되도록 노력하라. 선택은 여러분의 것이다.
- 여러분과 함께 일하고자 하는 이유가 권력을 얻기 위한 것이라면 그런 사람들과는 일하지 말라. 그들 혼자서 권력을 갖게 하라. 리더들은 열정적이고 배우고 싶어 하는 사람, 변화를 좋아하고 일에 대해 흥분과 열의를 갖고 있는 사람들이 팀에 속하기를 원한다.

진정한 리더들은 다른 사람이 따를 수 있도록 길을 제시하는 사람들이다. 이런 기술을 발전시키는 리더들은 사업자들에게 중요한 역할을 하게 될 것이며 성공 프로그램을 발전시키기 위해 그들과 함께 일하기를 원하고 있다.

일 년이 지난 후 당신은 사업결과를 돌이켜보고 자신의 다운라인들이 거둔 발전에 긍지를 갖게 될것이다. 모든 다운라인이 그 잠재력을 발전시키기 위해 노력한다면 당신은 자신이 해온 모든 희생을 보람된 결과로 받아드려야 한다.

테크놀러지 또한 중요한 역할을 한다. 리더들은 휴대폰, 컴퓨터 팩스 기타 사무도구들이 필요하다. 이런 도구를 사용함으로써 업무를 효율적으로 처리할 수 있으며 많은 시간을 절약할 수 있기 때문이다. 특히 시간은 리더에게 가장 중요한 자원이다.

- 모범을 보이고, 다운라인들이 최선을 다하도록 격려하고, 도전의 과제를 성취할 수 있도록 교육하라.
- 비록 여러분이 뛰어난 사람이 아닐지라도 일을 잘 할 수 있는 능력을 키우고 발전을 위해 지속적으로 노력 하라. 여러분은 훌륭한 리더가 될 수 있다.

어떤 리더들은 다른 리더들에게 필요한 개인적인 주의력이 요구되지 않을 수도 있다. 조용하고 수완 있는 리더십을 보여주는 것도 괜찮다.

- 성과를 얻어내는 위대한 리더가 말할 때, 똑똑한 사람들은 주의 깊게 귀를 기울인다.
- 성공적인 리더들은 개인적, 사회적, 그리고 문화적인 단계를

뛰어넘어 모든 사람과 공유할 수 있는 교훈을 준다.

- 여러분은 리더가 되겠다고 자기 최면을 걸어야 한다. 이렇게 하라. "알았어요. 젠. 최고가 되기 위해 '예'라고 말하죠. 나는 회사에서 가장 멋진 리더가 되겠습니다. 나는 오늘 열정을 가지고 일할 준비가 되어 있습니다."

여러분도, 그렇게 할 수 있겠는가?

여기 재정적인 번영을 위해 **간단한 성공 철학**을 소개한다.

재정적인 성공이 있기 전에 개인적인 성장이 있어야 한다.

자, 어디서부터 시작할 것인가?

- 진짜 질문은 "왜 네트워크 사업을 시작하고 싶은가?"라는 것이다. 이 문제부터 정리하자.
- 여러분이 원하는 것이 무엇인지 스스로 정의하라. 우정인가… 재정적인 자유인가… 친교인가… 사명감인가… 무엇을 원하는가? 여러분은 네트워크 사업을 시작하기 전에 이 문제부터 정리해야 한다.

그 다음…

- 등록하고 시작해라.
- 제품과 서비스를 사용하라.
- 열심히 복제하고 후원하고 미팅과 행사에 참석하고 즐겨라. 내 복제 훈련 시스템을 사용하는지 확인하라.

훌륭한 리더들은 사람들이 한때 불가능하다고 믿었던 것들을 성취할 수 있도록 교훈과 자극을 줌으로써 그들로 하여금 최상의 능력을 발휘하도록 한다.

- 여러분의 사업을 가르쳐라. 테이프와 책을 통해 자신을 가르치고 다운라인들을 가르쳐라. 시중에는 '방법'에 대한 온갖 종류의 테이프와 책들이 있다.
- 차를 강의실로 만들어라. 차 안에서 테이프를 듣는 것만으로도 여러분은 석사와 박사가 될 수 있다. 나는 그렇게 했다. 여러분도 그렇게 할 수 있다.
- 리더가 되기 위해서는 많은 책을 잃고 지식을 쌓아야 한다. "지식은 주어지는 것이 아니라 성취하는 것이다."
- 여러분의 머리를 지식 창고로 만들어라.
- 다른 사람들에게 이 사업을 가르쳐, 그들이 또 다른 사람들을 가르치도록 하라. 그것은 여러분이 가르치는 것을 여러분의 것으로 만드는 데 도움이 된다.
- 여러분 그룹에 있는 다운 레벨의 모든 사람들을 코치하라.
- 여러분의 리더십을 원하는 모든 사람에게 코치하라.
- 다음과 같은 철학을 적용하라. 누군가 여러분의 그룹에 있는 한, 그들은 여러분의 성공라인의 일부가 된다.
  성공라인의 모든 디스트리뷰터는 직급에 상관없이 똑같이 배려되어야 한다.

가장 성공적인 리더들은 매일, 리더십의 '경기장'에 적극적으로 참여하는 사람들이다.

네트워크마케팅을 하는 사람들은 적극적으로 참여하는 리더를 위해 결과를 만들어낸다. 그것은 당신을 다운라인들에게 없어서는 안 될 사람으로 여기고 있기 때문이다. 적극적으로 참여하는 리더가 되어라.

- 디스트리뷰터들과 더불어 일하면서 그들을 훈련과 모임에 적극적으로 참여시키고 그들로부터 멀리 떨어져 있지 말라.
- 자신의 다운라인을 코치하는 것에 긍지를 가져라.
- 폭발하는 그룹의 일부라는 것을 자랑스럽게 생각하라. 그것은 열정에 불을 붙이는 불씨가 된다. 여러분이 열정을 가질 때, 리더십의 모든 어려움과 자기희생은 2차적인 문제로 보이게 될 것이다.

생각을 분명히 하고 완전히 집중하라.
뭔가 변하도록 하려면 자신이 변해야 한다.
여러분의 성공라인이 성장하도록 하려면 자신부터 성장해야 한다.

여러분은 오직 자신만을 변화시킬 수 있을 뿐이며 결코 다른 사람을 억지로 변화시킬 수는 없다. 리더가 변하고, 발전하고, 성장할 때, 다운라인도 그렇게 되는 것이다.

자신에게 다음과 같이 질문해보라. "내가 해온 이사업을 계속할 경우, 나는 이제까지 이룬 것보다 더욱 많은 것을 이룰 것이다…"
"그것으로 충분하지 않은가?"

여러분은 매년, 매월, 매일 더욱 유능한 사람이 될 수 있다…

배우고 또 배우면 더 훌륭한 사람이 될 것이며 계속해서 경제적 부를 얻을 수 있을 것이다. 열정을 유지하라. 배우고 돈 버는 일을 사랑하라.

매일 리드하는 일에 직접 참여하는 대신, 상징적인 리더가 되기 시작할 때, 자신을 내세울 수 있는 대안을 찾아보는 것이 좋다. 왜냐하면 인풋(Input)이 부족할 경우, 다운라인에 부정적인 영향을 미치기 때문이다. 이런 침식은 서서히 진행되어 그 결과가 곧바로 나타나지는 않겠지만 분명히 일어날 수 있는 일이다.

리더로서 여러분이 투자하는 시간과 노력은 세월이 흐르면서 내가 그랬던 것처럼 여러분도 놀라운 결과를 낳을 것이다. "어떻게 지속적으로 노력을 유지할 수 있을까?"

노력해야 한다. 방법을 찾아라. 여러분의 방법을 찾아라.

- 불가능해 보이는 상황에서도 침착한 모습으로 다운라인을 통제하라.
- 용서하라. 때로 사람들은 서로 용서하지 않는다. 어떤 사람들은 상대방에게 되갚아 주기 위해 앙심을 품고 있다. 여러분도 그런 적이 있는가? 더 이상 그렇게 하지 말라. 여러분에게 상처를 입힌 사람들을 용서하고 전진하라.
- 꿈을 높이 세워라. 성공적인 리더들은 꿈을 높이 세운다. 어느 누구도 여러분의 꿈을 낮추게 하지 말라. 그들은 여러분의 동의 없이 그렇게 할 수 없다. 여러분은 자신의 꿈을 완전히 통제할 수 있으며 여러분의 허락이 없는 한, 그 누구도 여러분의 꿈을 깨뜨릴 수 없다.

여러분이 가장 기대하는 것은 무엇인가?
현실 세계에서 여러분을 위한 것은 무엇인가?

이 사실을 알라. 꿈이 없다면 성취할 것도 없다. 꿈은 여러분이 그것을 성취하는지 지켜볼 것이다.

준비는 항상 훌륭한 리더를 구분시켜준다.
네트워크마케팅은 사업이다.
준비된 리더만이 이 사업의 성공적인 사업자가 될 수 있다.

- 성공적인 사업가가 되는 데 필요한 특성과 목표와 기술을 개발하라.
- 회사 전반에 관한 것을 알아두라.
- 여러분의 모든 경험과 승리는 물론 실패로부터 모든 것을 배워라. 다른 사람의 성공과 실패로부터 배우는 것이 여러분의 배움에 힘이 되도록 하라. 사업에 임하는 여러분의 자세는 대단히 중요하다. 예측할 수 없을 정도의 변덕스런 성격으로는 성공할 수 없다. 자기 자신을 통제하도록 하라. 일에 대한 변함없는 열정을 유지하는 것은 여러분의 팀메이트와 업라인 그리고 다운라인을 열중하게 한다. 여러분은 리더다. 여러분의 다운라인에 있는 사람들과 함께, 그런 자세를 지니고, 그런 방법을 유지하라.
- 부정적인 것을 긍정적인 것으로 대체하라.
- 훌륭한 습관을 배워라.
- 성공적인 방법을 거듭 사용하라.

'PDR' –Practice, Drill and Rehearse(실천하고 연습하고 숙달
시켜라)

- 여러분 자신의 리더들을 키워라. 그들을 훌륭한 리더로 만들
어라.
- 의욕이 강하지 못한 사람들에게 많은 시간을 사용하지 말라.
사람들의 각오에는 여러 가지 다른 레벨이 있으며 그것을 파
악하는 것은 매우 중요한 일이다. 소위 리더라고 하는 사람들
가운데 일부는 "한 번 시도해보겠다"라고 말하는 사람도 있다.
여러분은 그렇게 말해서는 안 된다. 대신, 이렇게 말해야 한
다. "나는 이미 각오가 되어 있습니다. 목표를 성취할 때까지
최선을 다할 것입니다."

자신에게 물어보라. 6개월 동안 아무것도 할 일이 없다면 어떻게
할 것인가? 그 후에 또 다시 6개월을 그렇게 한다면?

- 포기하지 말라. 절대 포기해서는 안 된다. 포기한다는 것은 항
상 너무 이르다. 이 사업에서 너무나 애석한 것은 많은 사람들
이 길에 들어서기도 전에 그만둔다는 것이다.
- 인내심을 가져라.
- 전달할 수 없다고 포기하지 말라. 여러분은 반드시 다음과 같
이 말하고 실천하는 태도를 지녀야 한다. "어떤 일이 있더라도
믿음과 열정을 가지고 목표를 향해 전진할 것이다."
- 톱 리더와 최고의 전문가와 함께 일하라.
- 더 많은 리더와 전문가를 양성하라. 그것이 사업을 성공적으
로 이끄는 방법이다.

■ 다른 사람들이 원하는 것을 얻도록 도와주고, 그들에게 리더의 자질을 키울 수 있도록 자기발전 세미나와 미팅, 회사 컨퍼런스와 행사에 참가하도록 하라. 네트워크마케팅에서 안정적으로 일할 수 있는 유일한 대답은 인내와 열정을 가진 리더들을 양성하는 것이다.

■ 여러분의 그룹을 디스트리뷰터나 혹은 소매 소비자의 수가 아니라 리더의 수로 평가하라.

이 사업을 하는 전문가들이 리더를 만든다. 그들은 강하고 성공적인 리더를 만드는 것을 돕는다.

■ 한 달에 한 명 이상 리더를 만들어라.

■ 계속 리더을 양성하라.

리더들은 마치 자석처럼 사람들을 끌어 모으고 호감을 준다. 그것이 기술이고 테크닉이다. 여러분은 어떤 기술이라도 배울 수 있다. 여러분은 자신에게 "왜 리더가 되어야 하는가?"라고 질문해 본 적이 있는가?

"안 될 이유는 무엇인가?"
"여러분이 리더가 되지 말라는 법은 없지 않은가?"
"당신이 리더십 개발을 위해 얼마나 노력하느냐에
   따라 사업의 성공이 결정된다."

금년의 판매 목표를 두 배로 늘려라. 그것을 성취 못 할 이유가 무엇인가?

금년에 리크루트 목표를 두 배로 하라. 그것을 이루지 못할 이유가 무엇인가?

이 모든 것을 하지 못 할 이유가 무엇인가?

인생은 개개인의 발전을 위해 목표 설정과 시간 관리, 팀의 성공과 리더십에 필요한 주제의 기본이 되는 것들을 무심코 훑어보기에는 너무나 중요한 일이다.

좋은 아이디어들을 흡수하여 목표 달성을 위해 활용하라.

- 다른 사람들 입에서 당신이 결코 더 나은 삶을 추구하지 않는다거나, 꿈을 위해 노력 하지 않는다는 말이 나오지 않도록 하라.
- 부에 대해 가장 잘 지켜진 비결은 변화와 시간 관리이다.
  가장 큰 변화를 가져오도록 계획하고 실천하라.
- 지금 당장 열정적인 행동으로 어떤 일이 일어나도록 하라.

부자들에게 하루에 몇 시간이 주어지는가? 24시간. 맞는가?
여러분은 하루에 몇 시간을 갖고 있는가? 같은 24시간이다.
여러분은 중요한 시간을 중요한 것에 가치 있게 사용해야 한다.
사소한 시간은 사소한 것에 사용하라.

여러분은 엠마 휠러 윌콕스의 시를 아는가?
그것은 내가 좋아하는 시 중 하나이다.
한번 읽어보라.

같은 바람을 안고
한 배는 동편으로, 다른 배는 서편으로 나아간다.
배가 갈 길을 정해주는 것은
돛이지
바람이 아니다.
바다에 부는 바람처럼 운명의 바람도 그러니
우리가 인생의 항로를 헤쳐 나갈 때,
목표를 결정하는 것은
영혼이지
과욕이나 투쟁을 하는 것이 아니다.

■ 행동의 방향을 정하는 것은 바람이 아니라 일련의 돛이다.
■ 더 좋은 바람, 더 좋은 시, 더 좋은 책과 테이프만을 요구하지 말고 현재 갖고 있는 것에 열중하라. 여러분의 돛을 올려라. 어떤 사람들이나 일련의 사건들이 여러분을 항로에서 벗어나지 못하도록 하라! 여러분 자신만의 돛을 선택하라. 그렇게 할 수 있는 사람은 여러분 외에 아무도 없다.

"어느 누구도 여러분의 동의 없이 여러분이 열등감을 느끼도록 할 수는 없다."
-엘레노어 루즈벨트

조언자인 짐 론은 "젠, 당신이 변한다면 세상에 있는 모든 것은 당신을 위해 변할 것입니다"라고 말했다.
■ 일이 쉽기를 바라지 말라. 생각보다 더 어려울 수 있다. 여러분이 발전시켜야 할 것은 오직 강한 힘이며 연약함은 버려라.

- 도전을 원하고 그것이 오면 받아들여라. 개인적인 성장은 도전과 함께 온다.
- 올바른 책, 올바른 테이프, 여러분을 도와줄 올바른 사람과 올바른 정보를 원하라.

많은 것들을 올바르게 배울 수 있는 한 가지 방법은… 많은 것에서 실수를 경험하고 배우는 것이다.

이것을 증명하는 데 6~10년이 걸린다면 너무 길지 않은가?

여러분은 현실에 안주하며 지금처럼 살기를 원하는가?

변화가 두려워 구태한 방법대로만 일하기를 원하는가?

지금 리드하는 방법대로 계속 따라가기를 원하는가?

- 여러분이 경험한 것에서 유익한 것을 얻으라. 더 좋은 것은 OPE 즉, Other People's Experiences(다른 사람의 경험)에서 유익함을 얻는 것이다.
- 실패로부터 배워라. 실패하는 사람들이 그들의 경험을 피할 수 있는 방법에 대해 세미나를 하지 않는 것은 애석한 일이다.
- 부정적인 것으로부터 배워라. 부정적인 것의 이유는 바로 거기에 있다.
- 실패한 사람들이 읽는 책이 무엇인지 알아보라. 그리고 그 책들을 읽지 말라.
- 그들이 가는 곳을 알아보라. 그리고 가지 말라.
- 그들이 하는 말을 들어보라. 그리고 그 말을 사용하지 말라.
- 반면에 성공한 사람들로부터 배워라. 현재 진행되고 있는 모든 것을 관찰하라. 인생은 여러분의 교실이다.

21세기 네트워크마케팅에 사용되는 중요한 단어가 하나 있다. 그것은 "주목해 주십시오"라는 말이다.

누군가 열정을 가지고 올바르게 일하는 사람이 있다면 그 사람을 주목하라. 그리고 보고 듣고 배워라. 성공을 위한 에너지가 된다.

거듭 말하지만 모든 양서를 읽어라.

배움은 부와 건강의 시작이다. 성공한 사람들이 갖고 있는 도서들을 보라. 그 도서들이 무슨 말을 한다고 생각하는가? 그것은 이렇게 외친다. "나는 훌륭한 학생들의 도서이다."

그 이유는 무엇인가?

리더는 학생이다. 그것이 그들을 그토록 훌륭한 학생으로 만드는 것이다.

- 배움에 게으름 피우지 말라. 개인의 발전을 위해 전문적인 교육을 받는 데 돈을 투자하는 것보다 더 좋은 방법은 없다. 여러분의 개인적인 성장, 개인적인 발전은 시장에서 가장 과소평가되는 주식이다. 여러분이 변하지 않고 자신을 더욱 가치 있도록 만들지 않는다면 여러분의 인생은 낙오 될 것이다.
- 제발, 여러분을 가르칠 교사들을 찾아라. 그들을 찾아보라. 그들을 찾아내라.

나는 이 사업을 하면서 처음 6년 동안 너무나 헤맸다. 다음 6년 동안 계속해서 책을 읽고, 세미나에 참석하고, 실천에 실천을 거듭해 드디어 해냈다.

쉬운 것이 결코 쉬운 것이 아니다.

지식을 쌓아라. 그것이 성공의 관건이다.

- 사업 정보들을 훑어보고, 결정을 내리고, 타당하다고 생각되는 것을 실행하고 결과를 만들어내라.
- 여러분이 성공을 거두는 데, 큰 변화를 가져올 수 있는 작은 일, 간단한 습관들을 게을리 하지 말라.
- 책을 한권 골라 오늘부터 읽기 시작하라. 10분만 읽으라. 그것이면 된다. 10분 이상이면 더욱 좋겠지만…

그렇게 하면서 다음과 같은 일을 상상해보라. 일 년 후에 여러분은 어떤 위치에 가 있을까? 그 결과는 3,650분의 배움이 만들어낸 위치에 있을 것이다. 60시간이 조금 넘는 시간이며 일수로는 7일이다. 일 주일 코스로 하는 전문 상급반의 경우, 1만 5천 달러 내지 3만 5천 달러짜리 강의들이 있다. 여러분은 하루에 10분을 할애함으로써 그 한 과정을 이수하는 것과 같은 결과를 만들게 되는 것이다.

여러분의 습관을 바꿔라. 그뿐이다.

하루에 10분, 그뿐이다.

매일 실시하는 간단한 훈련이 여러분에게 성공을 가져다준다.

- 배움을 거절하는 사람 즉, 개인 성장 발전 세미나에 참가하지 않는 사람의 97%가 떠나버린다. 3%만이 리더 대열에 합류하게 되는 것이다.
- 자기 자신을 찾아라. 찾고자 한다면… 찾을 것이다. 그러나 찾기 위해서는 탐구하고 학습해야 한다.
- 좋은 내용을 메모하고, 일지에 기록하는 것을 중단하지 말라. 한 가지 아이디어도 놓치지 말라. 성공의 중요한 밑거름이 된다. 여러분은 그렇게 하겠는가?

주의를 기울이고 실천한다면 여러분의 꿈은 실현될 것이다.

- 전문가들이 가르치는 모든 것을 기록하라. 모든 것을! 왜? 인생은 교육에 의해 변하기 때문이다. 영감과 동기부여에 의해서 뿐만아니라 특히 교육에 의해서 변한다.
- 과거에 얽매이지 말라. 그것은 다리 밑으로 흐르는 물일뿐이다.
- 실수에 얽매이지 말라. 그것들은 단지 물일뿐이다…

과거는 혹독한 학교가 될 수 있지만 여러분은 그것으로부터 배워야 한다. 여러분은 5분 전에 일어난 일을 변경시킬 수 없다. 그러나 그것이 여러분에게 행한 것. 즉 지금 그것에 대해 생각하고 느끼는 것은 변경시킬 수 있다.

훌륭한 리더가 되기 위해서 지불해야 할 대가가 있다. 모든 약속에는 대가가 따르며 약속이 분명할 때, 치르기 쉬운 대가가 된다.
여러분이 우려나 혹은 기대를 선택할 경우, 올해나 내년에도 여러분이 선택한 쪽을 맞이하게 된다. 열정을 가지고 매진한다면 여러분은 성공의 열쇠를 맞이하게 될 것이다.

여러분은 네트워크마케팅에서 모든 성공을 혼자 거둘 수는 없다. 우리는 서로가 파트너십이 필요하다. 한 사람이 심포니를 만들 수 없듯이 내가 알아낸 한 가지 교훈은 심포니 지휘자는 때로 관중에게 등을 보여야 한다는 것이다.
여러분은 다운라인에게 너무나 가치 있고 중요한 존재이다.
- 책을 읽고, 테이프를 듣고, 세미나에 참석하고, 경험을 쌓아라.

여러분은 변할 수 있다. 100%, 아니 그 이상 변할 수 있다.

■ 이렇게 말하라. "예스, 나는 변할 준비가 되어 있습니다."

여러분이 사무실로 들어설 때, 사람들이 여러분에 대해 이렇게 말하기를 바란다. "저 사람이 성공한 것은 당연한 일이야."

누군가 더 나은 사람으로 변하는 것을 지켜보는 것은 설레이고 부러운 것이다. 자신의 가치를 높여라.

■ 매일 아침 일어나 이렇게 말하라.

"나는 행복하다, 나는 건강하다, 나는 기분이 좋다. 오늘은 멋진 날이 될 것이다!"

나는 매일 이와 같이 말한다. 여러분도 시도해보라.

■ 여러분이 성공하는 데 필요한 것은 각자 조금씩 일하는 많은 사람들과 복제 시스템이다. 그것이 네트워크마케팅의 전부이다.

여기 대실패를 불러오는 공식이 있다.

- "…했어야 하는 건데"
- "…할 수 있었는데"
- "…했어야 하는데, 할 수 있었는데, 하지만 하지 않을 거야"

많은 사람들이 양지에서 살겠다고 하는 데, 어떤 사람들은 음지에서 살겠다고 한다.

■ "…해야 하는 건데" 혹은 "…할 수 있었는데"라고 후회하지 말고 열심히 실천하라.

신은 말씀하신다. "네가 씨앗을 뿌리면 내가 나무로 키울 것이다.

비를 내리고, 거름을 주고, 햇빛이 비치게 할 것이다. 내게 필요한 것은 누군가 씨를 뿌리는 것이다."

우리가 나무를 키우지 않아도 된다는 것은 행운이 아닌가? 우리가 해야 할 일은 그저 씨를 뿌리는 것뿐이다.

- 모든 사람들에게 말하라. 모든 사람들에게 씨를 뿌리라고.

"나는 네트워크마케팅 사업을 하고 있는데, 당신의 도움이 필요합니다. 누가 이 사업을 가장 잘할 수 있을까 생각했을 때, 당신이 떠오르더군요. 진정한 파트너로서 함께 일하고 싶습니다. 그리고 당신 주위에 성공을 갈망하는 사람이 있으면 소개 시켜 주십시요."

- 여러분의 비즈니스 기술을 개발하라. 기술은 여러분을 더 가치 있는 사람으로 만들 것이다. 또한 그 기술은 여러분에게 성공을 가져다 줄 것이다.

개인의 목표를 세워라.
개인의 발전은 너무나 중요한 일이다.
- 더 나은 어휘를 사용하라. 자신감 넘치는 말투로 간단 명료 하게 말하라.
- 말하고자 하는 것을 잘 설명하기 위해 더 많은 이야기들을 수집하고 학습하라.
- 자기 자신을 훈련하라.
- '생산성' 이란 말은 승부를 나타내는 또 다른 이름이다. 활동은 생산성을 가져오고 생산성은 성공을 성취할 수 있는 강력한 무기가 된다.
- 열정을 가져라!

여러분이 쏟는 열정은 엄청난 결과를 가져올 것이다. 여러분의 열정과 시간을 가치 있게 사용하라.

5분은 너무 짧고, 5년은 너무 길다.
- 시기적절한 목표를 세워라. 빠를수록 좋다.

• 지난 6년 동안 여러분은 돈을 얼마나 저축했는가?
• 지난 6개월 동안 여러분은 기술을 개발하거나 갖고 있는 기술을 연마하기 위해 미팅이나 세미나에 몇 번이나 참석했는가?
• 지난 90일 동안 책을 몇 권이나 읽었는가?

네트워크마케팅에서 성공은 숫자 게임이다.

여러분은 성공하기 위해 변화하고, 더 나아지고, 현명해지고, 지금보다 더 유능해져야 한다.

어떤 정보든 사용하지 않으면 잃게 된다.
- 부자가 되고 싶으면 학습을 게을리 하지 말라.
- 긍정적인 태도를 유지하라.

이 세상에는 너무나 많은 것들이 부정적이다. 그러나 여러분이 나의 미팅에 올 때, 나는 여러분을 긍정적인 사람으로 헤아릴 수 있기를 바란다. 여러분이 험담하고 있기를 바라지 않는다.

나는 좋지 않은 뉴스를 듣고 싶지 않다. 다음과 같은 말을 듣고 싶다. "변화하고, 성장하고, 번영하고 더 나은 사람이 되려면 어떻게 해야 합니까?"

여러분이 사업을 하면서 어려운점은 경력을 쌓는 동안 많은 도전에 직면하는 것이다.

■ 후퇴할 생각을 하지 말고 더욱 큰 자신감을 갖도록 하라.

마스터들은 여러분에게 해야 할 일과 일하는 방법을 가르쳐줄 것이다. 그 비결을 알게 되면 여러분은 더 많은 사업자을 찾게 될 것이고 더 성장 할 것이다.

■ 결단을 내리지 못 한 사람들에게 시간을 낭비하지 말라. 결단을 내리지 못 한 사람들과 일하지 말라.

성공적인 판매원들은 어디서 오는가?
그들은 결단을 내린 사람들에서 온다.

여러분이 성공하는 데 필요한 기술들은 여러분이 변화하고, 어리석은 자존심을 그 현장에서 없애버리는 것이다.

대부분의 네트워크마케팅 회사들이 사업 논리와 제품에 관한 지식들을 가르치는 데 시간을 사용하고 있다. 그런데, 여기 여러분을 성공적인 사람으로 만드는 방법이 있다. 사람들을 다루는 기술, 감정, 열의 그리고 열정을 갖는 것이다. 이것이 세일즈의 완결을 가져온다.

회사를 망하게 하는 것은 제품이 아니라 사람이다. 실패하는 대부분의 네트워크 사업자들은 변화하려는 의욕없이 구태한 리더십에 의존하기 때문에 망한다.

■ 여러분은 변화를 수용하고 배워야 한다.

■ 듣고, 보고, 쓰고, 성공의 잠재의식 속으로 깊이, 더 깊이 변화해 들어가야 한다.

■ 때로는 성장하기 위해 어느정도 고통은 겪어야 한다. 그러나 성숙함을 보이고, 책임을 지고, 전념하고, 성장하는 완전한 리더가 되어라.

일단 사람들이 리더가 되면 조금만 노력을 해도 된다는 아니한 생각을 하게 된다. 그러나 오히려 더 많은 노력을 해야 한다.

리더십의 대부분은 확신이다. 확신의 단계가 높아지면 여러분은 많은 일을 경영할 수 있게 된다. 여러분은 그 일을 좋아하게 될 것이며 사람들이 여러분에게 뭔가 해주기를 기대할 것이다. 압박감을 버리고 활력을 가져라.

여기 중요한 세 단어가 있다. 기분전환(relaxation), 자신감(confidence), 집중(concentration). 이 단어들 중, 뭔가 잃고 있다는 느낌이 들 때마다 그 단어를 다시 언급해보라. 새로운 각오와 용기를 얻을 것이다.

■ 여러분의 다운라인은 여러분에게 달려 있다. 그들을 격려하고 가르쳐라.

여러분은 자동차로 여행하면서 지도가 있었지만 길을 잃고 헤맨 적이 있는가? 주유소로 들어가 길을 물어본 적이 있는가? 여러분이 모르는 그 사람은 길을 잘 알까? 그 사람도 모르는 것은 아닐까? 여러분은 목적지에 다다르기 위해 그들이 가르쳐준 방향을 믿고 따라갔는가? 열정을 갖는다는 것은 이런 것이다. 여러분에게 계속 목적지로 가도록 방향을 가르쳐준 주유소 직원을 친구처럼 믿는 것이다. 열정을 가져라! 여러분은 짧은 시간에 놀라운 발전을 가져올 것이다.

여러분은 리크루팅 하고, 후원하고, 기술을 개발하고, 열정을 갖기 시작할 때, 어떤 일이 일어날지 궁금하지 않는가? 지속적으로 열정을 갖고 일 하도록 하라. 인내를 갖고 결코 포기하지 말라.

열정을 가지고 실천하라!

큰 꿈을 가져라!
여러분이 이루는 그것을 꿈은 지켜볼 것이다!

3. 리더를 키워라

네트워크마케팅을 하는 여러분의 다운라인에서 이런 특성들을 가진 사람을 찾아보고, 주의를 기울여라. 그들은 여러분 미래의 리더들이다.

인식(Awareness)

여러분이 듣고, 말하는 모든 것을 인식하라. 회사 또는 업라인이나 다운라인 혹은 어디서 오는 소문이든지 부정적이고 의심스런 정보는 되풀이해 말하지 말라. 리더는 그룹의 정상과 바닥에서 오는 모든 신호를 정확히 파악하는 사람이다. 리더는 정보를 정직하고 분명하게 이해하고, 공통적인 의미를 전해준다.

행동

리더는 어떻게 행동하고 얼마나 신속히 행동하는가에 따라 판단된다. 여러분의 다운라인이 여러분의 행동에서 답을 찾고자 하는 몇 가지 질문은 다음과 같다.

리더는 대립을 피하는가?

리더는 결과를 보상받는가?

리더는 배신을 무시하는가?

리더는 어려운 문제를 얼마나 지혜롭게 해결하는가?

리더는 승리를 당연한 것으로 보는가?

비전

훌륭한 리더는 미래를 내다보고 다운라인에게 비전을 전달할 능력을 갖춘 사람이다. 이런 선견지명은 다운라인이 행동하거나 그들을 따르는 사람들의 행동 지침이 된다.

셀프 리더십

훌륭한 리더는 자신과 가족, 그리고 일을 잘 관리해야 한다. 여러분은 지도자가 될 때, 자신을 지휘하고 당면하는 어려움을 처리할 수 있는 재능을 발휘해야 한다. 셀프-리더십은 다른 사람을 리드하는 데 있어 첫 번째 조건이다.

책임감

평범한 리더는 책임을 기대하고 훌륭한 리더는 그들을 따르는 사람들에게 책임 있게 행동하는 법을 가르친다. 가장 훌륭한 리더는 역할 모델이 되고, 그를 따르는 사람들의 결함에 대해 책임을 진다. 그들은 다운라인들이 성공하도록 책임을 진다.

존경

리더들은 리더십이라는 제품을 판매한다. 그를 따르는 사람들은 그것을 구매한다. 리더들은 그를 따르는 사람들을 존경하고 그들을 소중한 고객으로 여긴다.

자기 향상

솔선수범으로 그들을 리드하라. 여러분이 자신을 향상시키지 않으면서 다른 사람에게 촉구하는 것은 어렵다. 리더는 마땅히 리더가 해야 할 일을 하는 사람이다.

서비스에 초점을 맞추는 사람이 되라

리더는 여러분이 생업으로 어떤 일을 하든, 서비스 사업을 하고 있다는 것을 알고 있다. 여러분은 먼저 자신이 필요로 하는 것이 아니라 다른 사람이 필요로 하는 것이 무엇인지 스스로 다음과 같이 물어봐야 한다. "이 일은 어떻게 도움이 될 것인가?"

에너지

리더는 긍정적인 에너지를 확산하고 부정적인 에너지를 없애버린다. 그들은 건강하고, 활력이 넘치고, 생기가 있다. 그들은 열정을 가져야 한다는 것을 알고 있으며 열정을 갖고 있다.

다른 사람을 믿음

리더들은 다른 사람이 갖고 있는 장점과 가치와 잠재력을 보고 확신을 갖는다. 그들은 목적을 갖고 있는 뛰어난 사람들이며 그들을 따르는 사람들이 생각하는 목적이란, 훌륭한 리더가 되는 것이다.

균형

리더들은 일과, 가정과 그들이 살고 있는 사회에서 균형을 이룬다. 특히 사업과 가정생활 간에 균형을 이룬다. 균형이란 리더들이 그룹에 속한 사람들에게 가르쳐야 할 가장 중요한 일 가운데 하나이다.

가치의 차이

새로운 대체물을 위협적인 것이 아닌, 가슴 설레는 일로 바라보라. 사업을 옛날 방식으로 해왔으며 결과도 미미하거나 아주 없다면 새로운 시도가 더 좋은 방법이 될 것이다. 누군가 좋은 결과를 얻어낸다면 그가 하는 것을 주의 깊게 살펴보라.

자신을 돌보라

리더들은 운동을 통해 신체의 건강을 유지하고, 독서와 테이프 듣기, 세미나 참석을 통해 정신 건강을 유지하고, 기도와 영감을 통해 영적 건강을 유지한다. 여러분은 리더가 불평하는 것을 들어본 일이 거의 없을 것이다. 리더를 키워내는 일은 커다란 그룹을 갖는 유일한 방법이다.

그것이 여러분의 목표라면 여기 그것을 위한 몇 가지 상식이 있다.

- 여러분의 그룹이나 다운라인에서 금액에 관계없이 꾸준히 매출을 올리는 사람을 찾아내라.
- 그들이 리크루팅 하고 사업을 일으키도록 가르쳐라. 그리고 격려 하라.
- 어떤 사람은 여러분의 리더십을 원하지 않을 수도 있다. 불평하고 중얼거리는 사람들은 사실, 여러분이 리더십을 보여주기 원하고 있는 것이다.
- 여러분의 도움 없이도 발전하는 셀러들을 찾아보라.

- 여러분의 다운라인에 있는 사람으로 리더가 될 가능성을 가진 사람들과 좋은 친분관계를 맺어 그들이 안정감을 갖고 일에 전념하도록 하고 당신을 진정한 사업파트너로 인식하도록 해라. 멀지않아 리더가 될 것이다.
- 새로운 회원 가입 신청서가 여러분의 사무실로 오면 먼저 그들에게 "우리 그룹에 오신 것을 환영합니다"라는 편지와 함께 여러분의 '뉴스레터'를 보내라. 월간 뉴스레터인 〈The Network Flame〉에서 무료로 아이디어를 얻으려면 www.fireup.com을 찾아보라.
- 항상 24시간 내에 전화를 걸어 여러분이 신뢰할 수 있는 사람임을 알려라.

일단 자신이 팀의 리더가 될 수 있음을 알게 되면 상위 직급으로 올라갈 수 있음을 깨닫는다. 그들은 처음 몇 명을 리크루트 하는 데 필요한 도움만 주면 된다.

때로는 새로운 리더를 만들어내고 싶지 않고 현재의 리더들을 강화하고 싶을 때가 있을 것이다.

- 그룹 내에 다운라인이 몇 명 밖에 없는 약한 리더는 만들어내지 말라. 그룹 내에 열 명 이상 사업을 구축하려는 의지를 가진 사람을 리더로 키워라. 여러분에게는 거대한 그룹을 구축하는 데 필요한 추진력을 얻기 위해 각자가 조금씩이라도 몫을 다하는 많은 사람이 필요하다.
- 판매 후원은 물론이고 리더십을 제공하라!

채찍으로는 말을 쉽게 움직일 수 없지만 코 앞에 당근을 내밀면 쉽게 따라온다. 이 사업에서 채찍은 버리고 당근을 사용하라.

판매원들을 움직여 큰 실적을 올리도록 하는 데는 많은 사람들이 매일, 매달, 조금씩 판매하도록 만드는 것보다 좋은 것은 없다.

■ 여러분이 보내는 뉴스레터에 어떤 사람들이 승진하게 될 것인지 기록하라. 승진 할 마음이 있는 사람이라면 여러분이 그들을 부르기 전에 그들이 여러분을 부르는 것과 같은 신호를 자연스럽게 보내올 것이다.

열정을 가져라! 실천하라!

4. 비평

비평이 여러분에게 동기를 부여하게 하라.

여러분의 팀에게 가장 멋진 일 년이 되도록 개인 목표를 세워라.

여러분은 목표를 달성할 수 있으며 비평을 잠재울 수 있다.

여러분은 비판 받은 다음, 다시 대화할 수 있는 공식이 있다.

다른 사람이 계획적으로 한 것이었든, 아니면 긍정적인 결정이었든 그것을 인정할 수 있는 마음자세를 갖도록 하라. 단 한 번의 대화로 비평자와 철학적인 견해차가 해결되리라 기대하지는 말라. 여러 번 시도해야 한다.

여러분이 매일 하는 일에서 인정할 수 있는 방법을 찾아보라. 마음을 열어놓고 다른 사람을 존경할 수 있도록 자신을 상기시키는 것은 중요한 일이다.

요점은 여러분이 옳은지, 옳지 않은지 여부가 아니다. 여러분이 옳고 다른 사람이 그르더라도 대화하도록 노력해야 한다는 것이다. 논쟁이 곪아터지도록 해서는 안 된다는 것이다. 왜냐하면 오래 끌면 끌수록 자신의 입장만 강화되어 발전에 장애가 되기 때문이다.

■ 비평이 여러분의 생각을 지배하지 않도록 하라.

역경은 인격을 형성한다.

■ 비판 받을 때마다 무엇이 잘못되었는지 자신을 분석하고 자신의 기술을 향상시키도록 노력하라.

■ 어떤 사람은 부정적인 주제가 필요하고, 누군가의 비판적인 견해를 택하는 것이 훨씬 쉽다는 것을 인식하라.

■ 사람들은 여러분이 그들과 공유하고 염려해 줄 때만, 자신들의 룰에 따라 공유하고 염려한다는 사실을 인식하라.

■ 거짓 관계를 주의하라. 우정이 식어간다고 생각될 때, 처음에는 그것이 우정이 아니었음을 상기하라. 진정한 친구는 서로 헐뜯지 않는다.

진정한 리더의 생활은 스케줄이 바빠서 명성이나 다른 사람들이 말하는 것에 신경 쓸 겨를이 별로 없다. 그럴수록 리더는 명확한 태도를 취해야 한다.

■ 책임을 회피하지 말라.

다운라인들의 아이디어와 제안들을 회피하지 말고 관심을 가져라. 그리고 책임있는 결정을 내려라.

■ 여러분의 다운라인이 계속 전진하도록 목표를 주고 격려하고 관심을 가져라.

세상에 비평가들을 위해 세운 동상은 없다.

비평은 여러분이 소홀하게 지나쳐온 문제를 정당화시켜 여러분을 자유롭게 해줄 수 있지만 실제로는 사업이나 여러분 자신을 발전시키는 데는 아무 도움이 되지 않는다.

멋지게 할 말이 없다면 아무 말도 하지 말라. 비평하는 것보다 낫다.

여기 비평에 대해 내가 좋아하는 인용문이 있다.

비평가

강한 사람의 실수를 지적해내고 실행가들의 행동에 모자란점을 꼬집어내는 그런 비평가가 중요한 것이 아니다. 명예는 실제로 먼지와 땀과 피로 범벅된 경기장 안에 있는 사람의 것이다. 그는 고군분투하고 틀리고 실수도 하지만 가슴 가득한 열정과 노력으로 자신을 가치 있는 목적에 사용한다… 결국 그는 위대한 성취감을 얻게 될 것이다. 최악의 경우, 실패하더라도 자신이 뭔가 위대한 일을 위해 최선을 다한 실패이므로 결코 승리나 실패가 뭔지 모르는 부정하고 겁 많은 사람들과 같지 않다는 것을 잘 알고 있다.

-티어도어 루스벨트

리더가 될 때, 여러분은 결과에 대한 비평과 험담을 자연스레 듣게 된다. 비평가들은… 여러분이 잘되는 것을 시기한다.

자신에게 물어보라. 나는 왜 내 자신이나 내 방법을 지지하지 않는 사람들과 관계를 맺고 싶어 하는가?

네트워크마케팅 사업을 하는 배우자를 지지할 수 없는 사람을 유의해서 보라. 그들은 매우 근시안적이다. 나는 그런 사람들이 애석하게 생각될 뿐이다.

대부분 그들은 오직 돈이 빠져나가는 것에 신경쓸 뿐이다. 그러나 인내심을 갖는다면 그들이 꿈꿔오던 것보다 더 많은 돈을 벌게 될 것이다.

　여러분은 자신의 다운라인 배우자들에게 회사의 여러 그룹 중 좋은 성과를 내는 그룹에서 여러분의 배우자들이 일하고 있다고 말해주라.

　그들에게… 배우자가 더 자유롭게 다른 사람들을 리크루트하고 가르치고 훈련할 수 있도록 지지한다면, 더 많은 돈을 더 빨리 벌게 된다고 격려하라.

　일반적으로, 이와 같은 반응을 보이는 사람은 불안한 배우자이다.

　그러나 네트워크 사업을 하는 사람이 어떤 일이 있더라도 변화와 결과를 얻기 위해 노력하지 않거나 열심히 일하지 않는다면 나는 근시안적이거나 좌절한 배우자를 지지할 것이다.

　결과는 큰 소리로 분명히 말하라.
　변명 또한 큰 소리로 분명히 말하라.
　사람들이 성공을 거두는 데는 이유가 있으며 성공을 거두지 못하는 데는 구실이 있다.

　7천 명이 넘는 네트워크마케팅 그룹을 형성하고, 2만 명 이상을 훈련하고, 일 년에 30만 달러 이상을 벌고, 책 두 권을 쓰고, 음악과 오디오 테이프를 만들어내는 동시에 아이를 셋씩이나 길렀다면… 내가 여러분의 자료를 살 것이다
　그러나 여러분의 변명은 결코 받아들이지 않겠다.
　■ 무질서한 가운데 부자가 되는 법을 배워라.

■ 자신의 변화를 즐겨라.

누가 평균치의 사람이 되기위해 목표를 세우는가? 평균치의 사람이 되기를 바란다면 여러분은 가장 형편없는 사람들 중에서 최고이고, 최고인 사람들 가운데 가장 형편없는 사람이다. 잠시 생각하라… '평균치가 아닌 최상의 목표를 세워라.'

집단적으로 보면, 어떤 조직에서든지 정신력은 성장한다. 그것은 거의 집단 본능이다. 그러나 열광하도록 만드는 주제가 있을 때, 그것은 특출하거나 논쟁을 좋아하는 사람에 의해 시작되며 대부분이 각자 다른 시각에서 바라보며 쫓아간다.
여러분은 그룹에 있는 모든 사람들을 행복하게 해주려는 시도에서 여러분이 지치게 되는 것을 느끼게 될 것이다.
■ 휴식을 취하고, 여러분이 이룬 성공을 돌이켜보고, 긍지를 가져라.
■여러분은 때로 낙심하거나 지칠 수 있지만 그것이 여러분이나 여러분의 결과를 통제하지 않도록 하라.

도전에 직면했을 때, 여러분에게는 두 가지 선택이 있다.
1. 그만두고 가버리는 방법.
2. 도전에 정면으로 맞서는 방법.
■ 도전은 성공의 촉매제이다.
■ 배짱을 가져라.
■ 처지지 말라.
승자는 좀처럼 낙담하지 않는다. 적어도 오랫동안…

- 결코 포기하지 말라. 여러분의 꿈은 여러분이 성공하기를 바란다.
- 성공이란 목표를 달성하기 위해 강한 추진력을 지녀라. 추진력은 어려운 시기를 극복함으로써 더 강력해진다. 어려움을 극복하고 전진하라.
- 문제를 분석하고, 그것으로부터 배우고, 성공하는 사업을 계속하라.

여기 미국인의 말을 인용한다.

"이로쿼이족의 추장들은 '피부가 일곱 배나 두꺼운 얼굴로' 비평을 다루는 능력을 지녀야 했고 자신은 물론 다른 사람들의 부정적인 생각을 통제해야 했다. 이 지도자들은 또한 그들 정책이 7대손까지 영향을 미치도록 고려해야 했다."

여러분은 자신에게 무엇을 기대하는가?

비평가들은 어디에나 있다. 여러분의 리더십을 원하는 사람이 있으면 그들을 돕고 원치 않는 사람은 내버려둬라. 비평가들에게 비평하도록 신경 쓰지 않는 것은 그들에게 붙들고 의지할, 아무 것도 주지 않는 것이며 그들은 조만간 사라질 것이다.

여러분은 비평가들이 없어도 여전히 번영하고 성장할 수 있다.

그들이 필요한 것은 아니다.

여러분은 괜찮다. 그저 열정을 갖도록 하라!

여러분은 성공할 수 있다.

결코 포기하지 말라.

여러분의 꿈은 여러분이 성공하는 것을 지켜볼 것이다.

정열에 불을 붙이고 열정을 가져라!

"사람들은 그들이 하고 싶어 하는 것을 한다."

-에디스 놀스(Edith Knowles)

5. 실천하는 방법

성공을 위한 도구나 시스템을 제공해 주었더라도 계속해서 확인하지않거나, 실천하지 않는다면 그 도구나 시스템은 아무런 효용이 없게 된다.

실천은 사람들이 이 사업을 시작하면서 가장 잘 잊어버리는 요소 중 하나다. 이 사업에서 성공하지 못하는 사람들을 보면 부적절하고 부적합한 확인과 실천에 있다.

우리는 누구의 공기를 호흡하는 것인가? 그것은 내 것도, 여러분의 것도 아니다. 그것은 온 세상, 우리 모두에게 주어진 것이다.

여러분이 타는 자동차, 일 하고 있는 건물, 휴식을 취하기 위해 앉아 있는 공원등 온 세상 모든 곳이 전파로 가득하다. 그것은 여러분의 것인가 아니면 내 것인가? 그렇지 않다. 그것은 모든 사람의 것이다.

세상은 정보로 가득 차 있다. 여러분이 알아야 할 것이 있다면 그것은 이미 공기나 전파처럼 어딘가에 존재하고 있으며, 그것은 우리 모두가 얻을 수 있는 것들이다. 여러분은 네트워크마케팅 그룹을 형성하는 데 도움이 될 정보를 얻기 위해, 누군가에게 또는 어딘가로 가야 하지만 그 모든 것은 이미 그곳에 있어왔다.

- 생각을 같이할 수 있는 사람과 어울려라. 그들 역시 우리 주위에 이미 존재하고 있다.
- 여러분은 원해야 한다. 매우 간절히 원해야 한다. 위대한 성공을 위해 …
- 여러분이 성공을 쟁취할 능력이 없다면 줄 능력도 없다.
- 자신에 대한 흔들리지 않는 믿음을 가져라.
- 인생을 영감(inspiration)처럼 살라.＝창조적인 열정＝예술
- 책표지만 보고 책을 판단하지마라

당신이 만나는 모든 사람은 당신이 상상하는 것보다 더많은 잠재력을 가지고 있다. 꼭 성공할 것처럼 보이는 사람이 실패할 수 있고 꼭 실패할 것처럼 보이는 사람이 커다란 성공을 거둘 수 있다.

- 리더로서 여러분의 꿈이 무엇인지 생각하라. 그렇게 할 때, 활동은 시작된다.

사람들은 어디로 가는 길인지를 아는 사람과 있고 싶어 한다. 분명한 목표를 갖고 있다면 여러분은 인생과 일에서 멋진 성공의 시간을 갖게 될 것이다.

- 원하는 것에 초점을 맞춰라. 여러분은 놀랍고도 위대한 결과를 만들어낼 수 있을 것이다.
- 여러분이 주목하는 것을 성취하라.

결과에 결과를…

성공에 성공을…

대부분의 사람들은 그들이 원치 않는 것에 초점을 맞춘다.

원치 않는 것에 초점을 맞추면 약속하건대 그것을 얻게 될 것이다. 여러분이 원하는 것에 초점을 맞춰라. 그럼 원하는 것을 얻을 것이다.

문제는 어느 것에 초점을 맞출 것인가? 왜냐하면 초점을 맞추는 것을 얻기 때문이다. 그것이 바로 여러분이 주목하는 힘이다. 우리가 "주목해주세요"라고 말하는 이유가 여기에 있다. 여러분이 주목하는 것은 초점을 맞춘 것의 결과이다.

여기 항상 기억해야 할 단어가 있다.

'나' 는

- 비록 여러분 자신에게 말할 지라도 그 말 뒤에 어떤 말이 나올 지 주의하라.

여러분이 "나는 피곤하다… 나는 화났다… 나는 모욕을 당했다…"라고 말할 때, 그것은 힘을 낭비하는 것이다.

대부분의 사람이 과거 화났던 일에 초점을 맞춘다. 현실을 살아가라. 과거는 가버렸다. 안녕…

- 감사하는 태도를 가져라.
  - 자신의 일부가 될 때까지 다음 말을 거듭 되풀이하라.
  지금까지 있었던 모든 것에 대해-감사한다!
  앞으로 있을 모든 것에 대해-예스! 긍정적인 생각을 가진다.
  인생은 짧다… 너무나 짧다.

- 자신의 현실을 깨우치고 전진하라

- 자신의 삶에 책임을 져라.

PMA(Positive Mental Attitude;긍정적인 정신 자세)
이것은 또한 Productive, Meaningful Action(생산적이고 의미 있는 활동)을 의미한다. 여러분의 행동, 오직 여러분의 행동만이 자신을 위한 결과를 생산해준다.

- 사람들이 기대하는 것보다 더 가치 있는 것을 제공하라.
- 남을 먼저 생각하는 배려가 결국 성공으로 이어진다.
- 사람들을 고무시키는 가장 보편적인 방법은 여러분 개인의 모범을 통해서 이루어진다.
- 모범을 보여라.
- 여러분의 다운라인이 판매하기를 바란다면 여러분이 먼저 판매하라.
- 여러분의 그룹이 리크루트하기를 바란다면 여러분이 먼저 리크루트 하라.
- 여러분 자신의 장단기 목표를 정하라.
- 일일 목표를 정하라.
- 주간 목표를 정하라.
- 월간 목표를 정하라.
- 연간 목표를 정하라.
- 다운라인의 목표를 정하라
- 다운라인이 목표 정하기를 원한다면 여러분이 먼저 목표를 정해야 한다.
- 다운라인이 하기를 바라는 모든 것을 여러분이 솔선수범 해야 한다.

- 다운라인을 리드하고 싶다면 그들 앞에 서라.
- 사업에 많은 아이디어를 투입하라.
- 여러분이 배우는 훌륭한 교훈을 가지고만 있지 말고 다운라인에게 전달하라.

킹 마이다스를 기억하는가? '지독한 구두쇠'

성경 말씀을 기억하는가? "주어라, 그럼 받으리라."

누가 더 훌륭한 교사인가 ?

- 전화에 친절히 답하라.
- 팀원들에게 여러분은 이 사업을 평생 사업으로 할 것이라고 말하라.
- 팀원들에게 여러분의 정기적인 미팅 스케줄과 여행 계획을 말하라.
- 여러분의 팀이 성공을 거둘 수 있는 것에 대해 의심할 여지가 없도록 충분한 내용을 팀원들에게 제공하라.
- 실패를 두려워하지 말라.

사람들은 성공하지 못 하는 것을 두려워한다. 그들은 글자 그대로 실패할까봐 죽도록 두려워하는 사람들이다. 이 두려움이 성공의 가장 큰 장애물이다.

- 실패는 성공의 어머니. 실패로 부터 배워라.

- 야망을 가진 사람은 쉽게 식별할 수 있다. 그들은 함께 일하는 것을 좋아고 적극적이다.
- 여러분의 방법에 기꺼이 동조하고, 배울 준비가 되어있는 사람들과 일하도록 하라.

오늘날 성공한 사람들은 똑똑한 사람들보다 개방적인 사람들이 많다. 야심 찬 사람들이 가장 개방적인 사람들이다. 그들은 기꺼이 변하려 한다. 빠르게 변하는 이 세상에서 개방적이고 기꺼이 변하고자 하는 사람들보다 더 성공할 사람이 과연 있겠는가?

- 여러분의 다운라인에 야심 찬 사람들이 충분하지 않다면 리크루트에 더욱 주력하라.
- 마지못해 하는 사람들을 쥐어짜는 사업은 중단하라!
- 다운라인에게 사업 진행방법을 알려주고 인내하라.
- 미팅은 야망을 가진 사람들의 집에서 그들의 주관 아래 하라.
- 여러분의 요점을 증명하거나 다른 사람을 확신시키기 위해 시간을 낭비하지 말라. 이것은 확신시키는 사업이 아니다. 이것은 추려내는 사업이다. 야망이 있고, 준비가 되어 있고, 기꺼이 하려는, 능력 있는 사람들을 찾아내는 사업이다.

네트워크마케팅에 가입하는 시점부터 누군가를 강요해야 하고 그것이 그들이 원하는 것이라면 그것은 여러분과 그들의 시간 낭비일 뿐이다.

물은 수평이 되기 마련이다. 또한 사람도 마찬가지다.
- 다른 사람을 가르쳐 그들로 하여금 또 다른 사람을 가르치도록 하라.
- 항상 성공의 사다리 다음 단에 다다르라. 그렇지 않으면 결코 정상에 이르지 못 할 것이다. 일단 다음 단계에 다다르고 그 방법을 알고 나면, 다른 사람에게 그것을 가르쳐라.
- 성공하지 못한 것은 복제시스템의 이치를 따르지 않았기 때문이다.

제품 판매 방법을 알고 있는가?

**이미 여러분이 알고 있는 방법을
다른 사람들에게 가르쳐라.**

다른 사람들을 사업에 참여시키는 방법을 알고 있는가?

사람들에게 그 방법도 가르쳐라.

여러분은 두서너 개의 팀을 리드하는 방법을 알고 있는가?

**사람들에게 그렇게 하는 방법을 가르쳐라.
여러분은 곧 그룹을 리드하게 될 것이다.**

이제 어떻게 진행되는지 알겠는가?

다운라인이 어떻게 형성되는지 알겠는가?

어떤 회사에서는 적어도 4~5개의 강한 레벨과 결단력 있는 그룹 리더를 갖는 것을 목표로 하고 있다. 여러분의 회사에서 몇 명의 리더가 필요한지 아는가?

- 깊이 있게 행동하고 힘을 길러라.
- 여러분이 함께 일하는 첫 번째 라인이 이런 비결을 갖고 있다면 여러분은 무척 바쁘고, 행복하고, 번영할 것이다.
- 목표는 넓고 깊이 있는 그룹을 만드는 것이다.
- 6주 프로그램에서 12명을 후원하라. 그럼 이 12명이 일해 내려갈 때, 그들은 60명으로 빨리 성장할 것이다.

- 여러분의 목표를 위해 팀의 성공적인 사람들을 계속 후원하라. 큰 사업임을 기억하고 일하라. 여러분은 거대한 네트워크 사업의 리더가 될 것이며 일단 사업이 형성되면 막을 수 없는 물결을 이룰 것이다.
- 다른 사람들에게도 적용할 수 있는 시스템을 모방하라. 여러분이 즐기면서 일하는 모습을 다른 사람들이 보고 느낄 때, 사업은 훨씬 빨리 성장할 것이다. 여러분은 즐기면서 더 열심히 일할 수 있는 멋진 사업을 하고 있다.
- 여러분이 관리하고 리드할 수 있는 그룹을 만들겠다는 각오와 소망을 키우고, 열정을 다해라.
- 더 많은 것을 원한다면 더 많은 실적을 올려라.
- 일을 올바르게 하는 것보다 옳은 일을 하는 데 집중하라.
- 일에 뛰어들고, 일을 마치고, 휴식을 취하고, 일을 좋아하도록 하라.
- 여러분이 목표로 한 일에 몰두하라. 다른 일에 왈가불가 신경 쓸 시간이 있는가?
- 여러분의 목적은 성공적인 결과를 얻는 것이어야 한다.
- 자신에게 물어보라. "내가 어떤 행동을 취해야 기대할 수 있는 결과를 얻을 것인가?"
- MPN; Most Productive Now(지금 당장 가장 생산적인 일을 하라)
  여러분은 주어진 순간에 가장 생산적인 일을 해야 한다.

성공이란 몇 가지 자기 연마와 매일매일 실천으로 이루어지는 것이며 실패는 몇 가지 판단 착오가 매일 반복 되는 것이다.

■ 솔선수범하는 태도로 일하고 가르쳐라. 다운라인이 여러분에게 배운 만큼, 여러분을 존경한다면 사업은 계속 성장할 수 있을 것이다.

■ 톱 판매자들을 인정해 줄 필요가 있음을 감지하고 칭찬하여 그들이 계속 충실하게 일 하도록 하라.

■ 좋아하는 놀이를 할때처럼 일에 열중하라.
■ 비전을 가지고 앞을 내다보는 목표를 가져라.
   • 1년 간의 목표를 갖고 있는가?
   • 3년 간의 목표를 갖고 있는가?
   • 5년 간의 목표를 갖고 있는가?
■ 사태를 파악하고 빠른 결정을 내려라. 비록 잘못된 결정이더라도 결정을 내려야 한다.
■ 위험을 떠맡는 일, 특히 자신의 위험을 떠맡는 일을 감수하라.
■ 책임을 자각하면 성공할 수 있다.
■ 리크루팅, 트레이닝 그리고 톱 생산자의 재 트레이닝 업무의 전문가가 되어라. 성공이 어디에 있는지 아는가? 성공은 행동으로 실천하는 곳에 있다.

모든 사람이 각기 다른 형태로 동기를 부여 받는다는 것을 알아두라. 바로 이 때문에 사람들의 개성을 이해하는 기술을 배우는 학생이 되어야 한다.

여러분은 그룹 내에 있는 사람들이 성공하는 만큼 성공하게 되며 그들은 여러분이 성공하도록 돕는 만큼 성공하게 된다.

- 열의를 확산시켜라.
- 질투와 부정적인 생각을 버려라.
- 새로운 사람을 후원하고 그들이 다른 사람을 후원하도록 가르쳐라.
- 네트워크마케팅의 성공은 후원과 판매가 축척되어 이루어진 하나의 작품이다.
- 여러분의 사업에 투자하라.
- 여러분 자신에게 투자하라.
- 매일 테이프를 듣고 책을 읽어 연료를 보충하라.
- 사업을 하면서 실망스러운 일을 겪게 될 수 있다는 점을 염두해 두어야 한다. 실망은 여러분을 더 훌륭한 사람으로 만들거나 비통한 사람으로 만들 것이다. 비통한 사람이 되지말라.
- 동기부여가 판매를 종결하는 것이 아니라, 기술이 판매를 종결한다. 기술을 연마하고 또 연마하라.
- 모든 사람들은 잠재력을 지니고 있다. 그것을 숨기지 말고 개발하도록 하라.
- 생산적인 사람이 되어라.
- 시간의 80%를 잠재 고객과 소비자를 위해 사용하라.
- 일이 진행되어야 한다면 그것은 누가 해야 하는가? 바로 여러분 자신에게 달려있다.

"결승점에 이르기 전에 실패할 수도 있다는 생각을 갖는 것은 처음부터 잘못된 것이다."

- 50명 이상을 리크루트 하라. 그것은 엄청난 결과를 가져올 것이다. 여러분은 올해 몇 명을 리크루트 했는가?
- 충분히 씨를 뿌려라. 그러면 목표한 수확을 거두게 될것이다.
- 여러분의 그룹에 도움을 주지 않으려는 사람의 교육은 받을 필요가 없다.
- 명확한 목표를 가져라. 목표 달성의 출발점은 목표를 명확히 하는 것이다.
- 목표가 없는 사람은 어느 것 하나 만족하는 일 없이 평생을 고민속에 산다.
- 한 달에 1천 장의 명함을 전하겠다는 팀의 목표를 정하라. 밖으로 나가 실제로 전하라.
- 부정적인 생각을 떨쳐버려라.
- 사람들에게 더 멋지고 명랑한 하루를 보내도록 도와주어라.
- 3년, 5년, 10년, 후의 여러분 모습을 그려보라. 여러분은 어디에 있을 것인가?
- 사진은 수많은 말보다 가치가 있다. 많은 사진을 찍어라. 그 다음에는 어떻게 해야 하는가?
- 슬라이드를 만들라.
- 슬라이드 영사기와 화면에 투자하라. 작은 사진들을 큰 화면에 비춰보라. 시각적인 교육은 말보다 두배 이상 명확하게 머리속에 인식 시킨다.
- 미팅과 랠리에서 슬라이드 쇼를 갖도록 하라.
- 여러분에게 교훈을 준 과거는 간직하고 나머지 과거는 불태워 버려라.
- 많은 돈을 벌려면 자신에게 인내하라.

- 여러분은 자신을 변화시켜야 한다. 배우고 성장하라.
- 자신에 대한 흔들리지 않는 믿음을 가져라.
- 오늘부터 받는 자가 아니라 주는 자가 되어라.
- 성공하는 사람들을 위해 행복한 마음을 가져라.
- 챔피언들에 대한 비디오를 보라.
- 챔피언들에 대한 책을 읽어라.
- 구태한 방식을 버리고 새로운 것을 받아들여라.
- 생각을 크게, 더 크게 하라. 그리고 10배, 100배, 1,000배로 키워라.
- 태도를 바꿔라.
- 열정을 가져라!
- 목표를 달성하기 위해 노력하라. 안 될 이유가 무엇인가? 여러분이 하지 않는다면 누가 할 것인가?

어떻게 시작하겠는가?
주변을 정리하고 마음을 정리하라.

- 세차를 하라.
- 책상을 정리하라.
- 핸드백이나 지갑을 청소하라.
- 전화번호부를 정리하라

자동차, 책상, 핸드백, 전화번호부는 여러분의 생각을 반영한다.

- 위대함이 깃들 수 있는 공간을 만들어라.
- 머리을 손질하라.
- 치과에 들러 이를 깨끗이 하라.
- 오래되고 쓸모 없는 옷은 과감히 버려라.

- 옷을 손질하고 정리하라.
- 신발을 깨끗이 손질하라.
- 가구를 정리하라.
- 부엌을 정리하라.
- 난잡한 것들을 없애 버려라.
- 자녀들에게 완전함이 아니라 훌륭하게 될 것을 기대하라.
- 여러분 자신도 완전함이 아니라 훌륭하게 될 것을 기대하라. '완전함은 신의 영역이다.'
- 여러분의 마음을 상하게 한 사람을 용서하라. 그것을 문제 삼지 말라.
- 여러분이 마음을 상하게 한 사람에게 연락을 취해 문제를 깔끔히 정리하라.
- 이기심을 버려라.
- 꽃의 요정이 되어라. 내가 받았던 가장 특별한 선물이 있었다.(나는 아직도 누가 보냈는지 모른다). 누군가 내 모든 다운라인으로 하여금 일 년 동안 매일 집으로 꽃을 보내게 했다. 나는 그 사람들을 '꽃의 요정'이라고 부른다.
- 누군가에게 꽃을 보내라.
- 위험을 감수하라.
- 과감히 위대함에 도전하라.
- 모험을 하라. 모험은 미래의 희망이다.
- 사람들이 모험하는 것을 지켜보고 교훈을 얻어라.
- 성공에 대한 신념을 가져라.
- 배우고자 하는 마음과 지혜를 가져라.
- 여러분이 살아 있다는 것을 신에게 감사하라.

- 꼭 필요하지 않은 약은 먹지 말라.
- 불평하지 말라
- 포기하지 말라.
- 낙관적인 자세를 가져라.
- 활력을 가져라.
- 잠자기 전 하루를 반성하라. 반성하는 사람이 성공한다.
- 여러분의 삶에서 풍요로운 것을 찾아보라. 한계가 없다. 오직 한계가 있다고 말하는 것에만 한계가 있을 뿐이다.
- 칭찬하라. 당신의 말 한마디가 남을 기분 좋게 할 수 있다.
- 모든 청구서를 지불한 모습을 그려보라. 여러분은 그것들을 지불하게 될 것이다.
- 소금의 짠맛은 핥아보지 않으면 모른다. 땀에서 지혜를 찾아라.
- 목숨을 걸겠다는 각오가 없으면 성공할 수 없다.

리더의 속도는 그룹의 속도다.

- 나만의 개성을 담아 선물을 전하라.
- 독특한 아이디어를 개발하라.
- 어제보다 나은 사람이 되어라.
- 시간을 절약하는 사람이 되어라.
- 돈을 절약하는 사람이 되어라.
- 여러분이 원하는 사랑을 되돌려주는 방법을 모르는 사람들을 보살펴라. 그들에게 여러분을 사랑하는 방법을 가르쳐라.
- 여러분을 사랑할 줄 모르고 사랑하지 않을 사람과는 작별하

라.

여러분을 사랑하는 사람들은 이 지구에, 이 나라에, 이 도시에, 이웃 가운데 있으며 나도 여러분을 사랑한다.

- BTDT(Been There, Done That;나는 그곳에 있었으며 그 일을 했다)라고 말하고 "다시는 그렇게 하지 않겠다"라고 말하는 것을 배워라.
- BTWT(Been There, Won That;나는 그곳에 있었으며 그 일을 성취했다)라고 말하는 것을 배워라.
- 삶의 에너지를 충전하고 시작하라. 그리고 총력을 다하라!
  여러분은 풍요로운 삶을 누릴 자격이 있다.

- 긍정적인 감정이 당신의 마음을 완전하게 지배할 때, 부정이 결코 침범할 수 없다.
  부정적인 감정들 – 두려움, 질투, 미움, 노여움, 복수심, 욕심
  긍정적인 감정들 – 사랑, 욕망, 열정, 신념,성의
- 긍지를 가지고 살아갈 것이며, 자신을 사랑하고 여러분이 누리는 모든 자유를 사랑하라.
- 여러분이 꿈을 향해 별로 하는 일이 없더라도 그 꿈은 항상 여러분을 위해 파티를 준비하고 있다.
- 네트워크마케팅에서 모든 사람이 일부를 주지만 일부의 사람들은 모든 것을 준다.
- 모든 것을 주는 사람이 되어라.
- 어떤 사람들은 꿋꿋하게 서있는 반면, 어떤 사람들은 넘어지고 만다. 꿋꿋하게 서있는 사람이 되어라.

- 결코 어느 누구도 미리 판단하지 말라. 거울을 밝게 하는 누군 가는 예상고객에서 시작된다.
- 시간이 있을 때마다 배워라. 정신을 살찌우고, 또 살찌워라. 이해가 빠른 만큼 성장은 빨라진다.
- 만남이 여의치 않을 때는 전화로 답변하라.
- 편지에 답장을 보내라.
- 개인적인 어려움에 대해 불평하지 말라. 불평은 동료들의 사기를 저하시킨다.
- 현명하게 일하라.
- 리더의 리더십을 수용하라.
- 예상고객들의 사후관리 요령을 배우도록 하라.

네트워크마케팅을 시작했을 때 처음에는 돈벌이가 되지 않는 많은 일을 한다. 그러나 여러분이 인내하며 더 많은 시간을 일한 뒤에는 원하는 수입을 얻게 될것이다.
- 과거의 고정관념을 깨트려라.
- 목표가 뚜렷하면 그 자체가 즐거움이 된다.
- 일지나 파일에 기록한 메모들을 잘 정리하여, 여기저기 널리지 않도록 하라.
- 일을 당신의 취미로 생각하라. 능률이 오르고 즐거운 일이 된다.
- 끈기를 가져라.
- 그만두어야겠다는 생각이 들 때, 처음부터 다시 시작하라.
- 행동하라. 행동하지 않으면 그 무엇도 얻을 수 없다.
- 열정을 가져라!

- 태만과 의심, 실패에 대한 두려움을 버려라.
- 여러분은 수입에 맞추기 위해 꿈을 축소하거나 꿈에 맞추기 위해 수입을 늘릴 수도 있다.

여러분은 자신의 수입이 가장 친한 열 명의 평균 수입과 비슷하다는 것을 알고 있는가? 더 많은 수입을 원한다면 수입이 더 많은 새로운 동료들을 사귀거나 동료들의 수입을 늘려주어야 한다.

- 초점을 맞추고 초점을 고수하라.

네트워크마케팅에서 돈을 더 많이 버는 두 가지 방법이 있다. 더 많은 제품이 움직이도록 하거나 그룹에 더 많은 사람을 후원하는 것이다. 두 가지를 다 하라.

- 가족들이 멋진 미래를 준비할 수 있도록 처음부터 기꺼이 대가를 치러라.
- 세미나에 참석하고 자신을 발전시켜라.
- 생각을 나눌 수 있는 사람들과 일하라. 모든 사람이 여러분의 스타일에 따라 사업하고 싶어 하지 않는다는 사실에 신경 쓰지 말라. 여러분은 그룹에 있는 모든 사람의 승인을 받을 필요가 없다.
- 여러분이 실망할 때, 내 딸, 애슐리가 가르쳐준, "오, 이런!"이라고 말하는 것을 배워라. 실망을 바람에 날려버려라.
- 승자는 주목받고 넋두리를 늘어놓는 자는 무관심을 받는다.
- 그룹에 있는 사람들이 여러분을 염려해주지 않더라도 그들을 도와주어라.
- 적극적인 자세를 가져라.

- 모험을 시도하고 효과가 없는 것은 집어치워라.
  모험은 안일함 보다 낫다.
- 절망에서 벗어나라. 희망으로 절망을 치유하라.
- 여러분의 다운라인이나 업라인에 있는 그 누구보다도 더 많은 사람을 후원하겠다는 목표를 세워라.
- 열정을 갖기 위해 할 수 있는 모든 것을 다하라. 에너지를 충전하고 "결코 포기하지 말라!"는 음악을 크게 틀어라. 그리고 열정을 가져라!
- 포기는 당신이 진정으로 노력하지 않았다는 것을 의미한다.
- 마스터들에 대해 공부하라.
- 수년 동안 누가 가장 훌륭한 리더였으며 가장 훌륭한 리더보다 더 많은 것을 성취하는 사람이 누구인지 알아보라.
- 여러분이 결심했다는 것을 배우자가 알도록 하라.
- 현재 여러분이 하는 일이 성과가 없다면 잠시 중단하고 자신에게 다음과 같은 질문을 해보라.

어떻게 하면 이 일을 좀더 쉽게 할 수 있을까?
어떻게 하면 이 일을 좀더 단순하게 할 수 있을까?
어떻게 하면 이 일을 좀더 잘할 수 있을까?
내가 계속 고충을 겪지 않도록 도움을 줄만한 사람은 누구인가?
내가 하고 있는 일이 내게 얼마나 중요한가?
내가 하고 있는 일이 내 미래에 얼마나 중요한가?
내 생활과 일에서 최적의 긍정적인 결과를 달성하기 위해 지금 당장 해야 할 일은 무엇인가?

- 행동이 성공을 낳는다.
- 일을 시작하는 첫 달에는 정말로 열심히 일하라. 첫 뿌리를 내리기위해 혼신을 다해야 한다. 첫 뿌리 내림의 중요성을 기억하라. 여러분의 목적은 수확 즉, 결과를 얻기 위한 것임을 기억하라. 어떤 일이 있더라도 시작하라. 지금 당장 시작하라.
- 스스로 의욕을 불태워라.
- 자기 발전을 위한 세미나, 도서 및 테이프에 투자하라. 개척자가 되는 것보다 개척자를 따라가는 것이 쉽다는 것을 기억하라.
- 여러분은 놀라운 결과를 만들어 낼 수 있다는 것을 기억하라.
- 조용히 휴식을 취하며 묵상의 시간을 가져라.
- 대부분의 사람들은 다음과 같은 방법으로 초점을 맞춘다. 하라, 되라. 가져라.
  뭔가를 가지려면 어떤 인물이 되기 위해 뭔가 해야 한다.
  어떤 인물이 되려면 모든 것을 갖기 위해 뭔가 해야 한다.
- 여러분이 배우는 동안, 그리고 회사와 제품이 주는 혜택을 판매하는 동안 돈을 벌어라.
- 실패는 없다. 오직 그만두는 사람만이 있을 뿐이다. 일이 되지 않으면 그들은 다시 돌아온다. 여러분은 그들이 다시 시작 할 수 있도록 리더십을 발휘 하면 된다.
- 책임을 받아들여라. "아니오"라고 말하는 것이 더 쉬울 때라도 "예"라고 하라. 그룹에 있는 사람들은 여러분에게 긍정적인 반응을 보일 것이다.
- 대부분의 시간을 리크루팅과 트레이닝에 사용하라. 그러지 않으면 여러분은 쉽게 성공할 수 없다. 매일 그 일을 해야 한다.

- 작은 일을 위해 땀 흘리고 세밀한 것에 주의를 기울여라.
- 결코 실망하지 마라.
- 매일 즐겁게 출근하라. 일을 고역으로 생각하지 말라. 그렇지 않으면 그렇게 되어버린다.
- 실행하는 사람들을 찾아보라.
- 긍정적인 열망을 가져라.
- 소망을 가진 더 많은 사람들을 찾아내라.
- 더 많은 뉴스레터를 쓰고, 더 많은 열의를 얻고, 중얼거리거나 불평하는 일을 중단하라.
- 여러분의 습관을 개선할 수 있는 중요한 한가지 방법은 테이프를 듣고 책을 읽는 것이다.
- 자신의 목록을 늘려라.

- **장려금 내역를 복사해 두어라. 장려금 내역을 복사해 모으고, 비록 금액이 적더라도 다운라인에게 보여줘라. 금액이 커져가는 것을 보여줘라.**

- 여러분이 되고 싶은 사람의 모습을 생각하라.
- 변명하지 말고 약속한 것을 지켜라
- 실패에 대한 말을 중단하라.
- 훌륭하게 대화할 수 있는 기술을 배워라. 대화의 기술은 여러분 사업에 많은 소득을 가져다 줄것이다.
- 여러분의 사업에 대해 긴박감을 가져라.
- 어떤 일을 어떤 정해진 날까지 하겠다고 자신에게 과제를 주어라. 그것은 '언제까지' 라고 불린다.

- 사람들에게 무엇을 할 것인지 가르치고, 말해주고, 행동으로 옮겨라. 상위에 있는 사람들의 일을 습득하라. 여러분은 곧 그들의 위치에 있게 될 것이다. 다른 사람이 성공하고 강하게 되도록 도와주어라.
- 대담하게 실행하라. 사업에 투자하는 것이 많을수록 많은 것을 얻게 된다.
- 계속 발전하라.

여러분이 시간을 사용하는 방법은 돈을 사용하는 방법보다 더 중요하다는 것을 기억하라. 돈을 잘못 사용하는 것은 고칠 수 있지만 써버린 시간은 영원히 오지않는다. "…했더라면 좋았을 걸"이라고 하는 대신, "…할 수 있어서 너무 기쁘다"라고 할 수 있는 여생을 보내라.

- 리더를 키울 수 없는 사람은 성공자가 될 수 없다. 리더가 되고 리더를 키워라.
- 이끌어 주는 사람이 되어라. 이끌어 주겠다는 마음과 행동이 성공을 안겨준다.

열정을 가져라! 그렇게 하라! 무엇을, 열정을...

6. 훌륭한 미팅을 갖는 방법

미팅은 네트워크 사업에서 중요한 역할을 한다. 미팅의 실질적인 열쇠는 사업을 잘 진행하기 위해서 아이디어와 정보를 나누고 교육과 실연, 인간관계를 증진시키는 것이다.

여러분이 갖는 미팅을 '팀 미팅'이라고 불러라. 미팅이 진행되는 동안 여러분은 사람들이 좋은 정보를 얻고, 실습하고, 연마하여 목표 성취를 위한 밑거름이 될 수 있도록 도움을 주어야 한다.

- 가능한 한, 모든 미팅을 즐거운 미팅으로 만들어라.
- 미팅에서 유머는 중요한 역할을 한다. 왜냐하면 여러분은 팀원들이 함께 웃으며 즐겁게 일하기를 바라기 때문이다. 유머는 분위기를 더 편안하게 만들어주고 흥을 더해준다.
- 미팅은 여러분의 그룹과 팀, 그리고 회원들이 발전하도록 도와준다.
- 여러분의 가정에서부터 시작하라. 팀이 성장하게 되면 호텔로 옮길 수도 있다. 가능하면 1층에서 하는 것이 좋다.

열정을 가져라! 여러분의 미팅은 큰 결과를 가져다줄 것이다.

- 미팅은 쉽고 부담이 없어야 한다.
- 미팅 시작 전과 휴식 시간에는 빠른 템포의 음악을 틀어라.
- 미팅에 대해 열의를 가져라. 사람들이 어떤말을 듣고 싶어 하는지 아는가? 서로에게 친근감을 줄 수 있는 말을 연습하라. "만나서 반갑습니다.", "여기서 뵈니 더 반갑군요."
- 기본적인 교육과 기술들을 가르치고, 긍정적인 분위기를 만들고, 긍정적인 태도를 갖도록 하라.
- 미팅에 어울리지 않거나 효과가 없는 것은 던져버려라. 가장 좋은 것만 취하고 나머지는 내버려둬라.
- 사람들이 미팅을 계획하고 진행하는 일에서 여러분과 파트너가 되어 일할 수 있도록 협조하고 격려하라. 이것은 그들이 열정을 갖도록 하는 데 큰 도움을 준다.
- 미팅에 참석한 사람들이 서로 포옹하게 하여 더 큰 친밀감을 갖도록 하라.
- 자주 휴식 시간을 가져라. 생각은 엉덩이가 견디는 것만큼 열중하지 못 한다. 그리고 열정을 갖도록 하는 음악을 들려줘라.
- 미팅에 적극적으로 참여하라. 미팅은 흥분되고, 재미있고, 무엇보다 생산적이다.

네트워크마케팅에서 사업을 키우고 싶어 하는 모든 팀 리더들은 미팅을 지켜보고 경청함으로써 참가하는 것이다.
- 리더들이 모두 같은 방법으로 훈련하고 있는지 확인하라. 그들은 똑같은 복제 시스템을 가르침으로써 서로의 다운라인이 성공하는 데 기여한다. 성공을 거두고 복제하기 위해서는 같은 마음을 가져야 한다.

미팅에 참가하기 위해 1시간 정도 운전해야 할지라도 멀다고 불평하지 말라. 그 이유는? 미팅이 생산적이고 성공을 위한 것이라고 기대할 수 있기 때문이다.

- 계획된 미팅보다 더 오래 머무르면 더 많은 요점들을 얻게 될 것이다.
- 여러분 상위 리더들의 미팅에 참석하라. 그들의 미팅이 좋은 결과를 얻어낸다면 그것을 모방하라. 검증되지 않은 새로운 것을 만들어낼 필요가 있는가?
- 자발적으로 협조하라. 여러분은 미팅에서 매우 값진 경험을 하게 될 것이며 여러분의 자세는 모든 사람에게 고무적인 마음을 갖게 할것이다.
- 열성적이고 긍정적이며 친절한 사람이 되어라.
- 미팅을 떠나는 마지막 사람이 되어라. 에프터 미팅에도 참석하라.
- 가능하면 시각적인 보조 자료를 많이 사용하고 경험들을 중심으로 설명하라.
- 미팅은 1년을 기준으로 미리 계획하라. 여러분이 바쁘고 혼란스러운 생활속에서 시간을 가치있고 효율적으로 이용하는 데 얼마나 많은 도움이 되는지 여러분은 놀랄 것이다. 여러분의 디스트리뷰터들은 여러분의 시간을 더욱 가치 있게 여길 것이며, 여러분이 그렇게 할 때, 미팅은 더욱 발전하고 성공의 문턱에 한발 더 다가갈 것이다.
- 항상 제품을 전시하라.
- 즉시 많은 사람들이 모이리란 기대를 하지 말라. 시간을 가지고 인내하라. 하루 아침에 되는 사업이 아니다.

- 미팅 장소, 시간, 날짜는 변동이 없도록 하라.
- 편리한 위치에 있는 미팅 룸을 이용하라.
- 미팅 룸 가까운 곳에 접수 테이블을 설치하라.
- 명찰을 준비하라.
- 방은 서늘한 편이 좋다. 너무 따뜻하면 사람들이 졸게 된다.
- 시원한 물을 제공하라.
- 재떨이를 없애고 흡연장소를 지정하라.
- 아이들이 놀 수 있는 장소를 마련하고 도우미를 지정하여 아이들의 우는 소리나 웃음소리로 방해 받지 않도록 하라.
- 미팅 룸은 조명이 잘 되어 있어야 하며 약간의 전시물과 사진 자료가 있으면 좋다. 사진자료는 천 마디 말보다 낫다.
- 좌석은 미리 배치하고 준비하라.
- 의자는 사람 수보다 많이 놓지 말라.
- 미소를 짓고 모든 사람에게 인사하라. 참석자들 모두가 인사를 나누도록 하라.
- 팀원들에게 예비고객을 데려오도록 하라.
- 가장 열성적인 대표자들을 참석시켜 월례 및 주례 미팅을 갖도록하라.
- 마케팅 플랜에 시간을 할애하고, 개인적인 인사의 중요성을 기억하라.
- 미팅에서 절대로 부정적인 생각을 토론하지 말라.
- 같은 생각을 가진 팀의 리더들과 협력하고 새로운 방법과 아이디어를 얻기 위해 다른 팀들과 미팅을 가져라.

'모든 미팅이 성공적일 수는 없다. 문제점들로부터 배워라.'

여러분의 목표는 거대한 네트워크마케팅 그룹을 만드는 것이다. 그러므로 미팅이 그 목표를 겨냥하도록 하라.

- 가능한 한, 빨리 미팅에 참가하라.
- 가능한 한, 빨리 자신의 미팅을 갖도록 하라.

많은 실습을 할수록 미팅은 더욱 향상될 것이다. 리더가 먼 곳에 산다면 기다리지 말라. 곧바로 여러분 자신의 미팅을 시작하라. 쉽지는 않겠지만 그것이 배울 수 있는 최선의 방법이다.

- 여러분이 부탁하지 않는데도 사람들이 미팅에 참석할 것이라고 기대하지 말라.
- 사업이 성장하기에 참가자가 충분하지 않을 경우, 어떤 예상 고객에게라도 미팅 참석을 부탁해 보았는가? 시도 해보라.
- 미팅에 정기적으로 참석하는 사람들은 자신의 사업을 키워 나가기 위해 열정을 가진 사람들이다.
- 때로 일 주일이나 한 달 동안, 그룹 사람들이 긍정적이고 재미있는 분위기에 참석할 수 있는 유일한 모임이 되는 경우도 있다. 즐거운 미팅이 되도록 하라.
- 미팅에서 모범을 보여라.
- 존경하는 마음으로 리더들을 대하라.
- 대규모 월례 미팅 뿐 아니라, 소규모 미팅을 갖는 것도 매우 유익하다는 것을 기억하라. 그것은 개인들이 일에 대해 더 많은 트레이닝을 받도록 하는 데 많은 도움이 된다.
- 여러분은 자신의 다운라인과 더불어 팀 미팅을 가질 수 있다.
- 복장은 캐주얼로 하고 정장은 하지 않도록 한다.

- 미팅에 참석함으로써 삶의 방향에 변화를 겪은 사람들이 있으면 그들의 말을 들어 보도록 하라.
- 좋은 소식과 무료 견본을 준비하라.
- 제품카다로그에 이름과 주소, 전화번호와 이메일등을 기록하여 비치하라.
- 기술과 테크닉, 비전과 리더십을 가르쳐라.
- 칭찬을 많이 하고 특별 보상제를 시행하라.
- 모든 미팅의 시작과 끝에 "열정을 가져라!" 라는 구호를 외쳐라.

열정을 가져라! (짝짝)
열정을 가져라! (짝짝)
열정을 가져라! 가져라! 가져라! 가져라!
열정을 가져라! (짝짝)
열정을 가져라! (짝짝)
열정을 가져라! 가져라! 가져라! 가져라!

이런 구호를 외칠 때마다 에너지가 충전되는 기분을 느낄 수 있을 것이다. 놀라운 일이 아닌가?
- 여러분의 리더십을 가치 있게 여기는 사람들에게 감사하라.
- 미팅을 가져라. 효과가 있을 것이다!
- 내 Genetic Duplication Training System이 있는지 확인한다. (복제 트레이닝 시스템)

열정을 가져라!

그렇게 하라!

7. 리크루트 하는 방법

리크루팅은 재미있는 일이다. 사람들을 네트워크마케팅에 리크루팅 하고, 등록시키고 후원하는 일이 재미있게 되는 방법을 배워라. 그 이유는 무엇인가? 그것은 사업을 키워가는 비결이기 때문이다.

숫자를 얻기 위해 노력하라.

누군가 여러분에게 "아니오."라고 말한다면 "다음!"이라고 외쳐라. 다음에 누군가가 있을 것이다. 여러분의 권유를 기다리는 사람이 있을 것이다. 여러분이 할 일은 그런 사람들을 찾아내는 것이다.

■ 1미터 전법을 사용하라. 누구든 여러분에게 1미터 이내로 다가오는 사람에게 리크루팅하라.
리크루팅한 사람이 적을 수록 결과는 적을 것이며 리크루팅한 사람이 많을 수록 결과는 많을 것이다. 리크루팅 요령을 배우고 연습하고 연마하여 실천하라.

여러분은 리크루팅을 '리크루팅' 혹은 '스폰서링'이라고 불러도 좋다. 여러분이 원하는 대로 불러라.

그룹을 키우는 데 여러분이 해야 할 일은 등록하고, 리크루트와 후원하는 일이다. 네트워크마케팅 사업에서 처음부터 중요한 것은 모든 디스트리뷰터들이 승급할 책임이 있다는 것이다.

- 새로 리크루팅한 모든 사람들이 여러분과 더불어 등록하는 시간부터 후원자가 되는 데 초점을 맞추어라.
- 48시간 내에 전격 작전에 돌입해야 한다. 새로 리크루팅한 사람에게 첫 48시간 이내에 누구를 후원할 것인지 물어보라. 초고속 성장의 원동력이 된다.
- 제품을 팔아서 당장 조금의 돈이라도 벌고 싶어 하는 사람이 있다면 그것도 좋은 일이다. 여러분의 책임은 그들에게 큰 돈을 벌려면 리크루팅 하는 것이라고 말해주는 것이다. 사람들에게 선택할 기회를 주고 그들이 판단할 수 있도록 하라.

여기 그 방법이 있다. 단지 이렇게만 말하라.

"많은 돈을 버는 것에 대해, 어떻게 생각하십니까? 참여하고 싶으십니까? 방법을 알고 싶습니까?"

- 그 다음 단계는 그들에게 디스트리뷰터 키트를 사거나 제품 구입을 위한 최초의 투자를 위해 안내하는 것이다.
- 대화를 시작하라.
- 질문을 많이 하라.
- 여러분의 프리젠테이션을 하라.

리크루팅은 행동으로 해야한다. 생각만 있고 마음속으로 바란다고 해서 리크루팅이 되는 것이 아니다.

리크루팅은 숫자 게임이다.

아니오가 많을수록, 예도 많아진다는 걸 알고 있는가?

리크루팅 수가 많을수록 성과도 많다는 걸 기억하라!

여기 사람들에게 물어볼 수 있는 두 가지 강력한 질문이 있다.

"부업으로 약간의 돈을 버는 기회에 관심이 있습니까?"

그들이 "예."라고 대답하면 다음 질문을 하라.

"그것을 벌기 위해 기꺼이 약간의 시간을 투자하겠습니까?"

물론 이 질문에 "예."라고 답하면 사업에 대해 설명할 수 있는 약속을 정하라.

네트워크마케팅의 가장 큰 오해 중 하나는 정말로 돈을 벌기 위해서는 수천 명에게 개인적으로 후원해야 한다는 생각이다. 그렇지 않다.

대개의 경우, 처음에 서너 명을 리크루트 하는 것이 어려울 수 있지만 다운라인에 열성적인 사람 한 명을 리크루트 하여 후원하는 것이 얼마나 고무적인 일인지 알게 될 것이다. 그것은 훌륭한 리더를 얻는 것과도 같은 것이다.

성공을 거두려면 여러분이 직접 후원하는 3~5명의 대표 다운라인에서 3단계 정도 깊이로 내려가야 한다.

그 다섯 사람을 후원한 다음, 그들에게 다시 다섯 명을 후원하는 방법을 가르쳐라. 여러분은 25명을 갖게 된다. 그 다음, 그 25명에게 5명씩 리크루트 하도록 가르쳐라. 그리고 계속하라. 이것이 진정한 네트워크 마케팅이다.

- 개인적으로 계속 리크루트 하라. 여러분은 곧 125명의 다운라인을 얻게 될 것이다.

각자에게 5명을 데려오게 하라. 그러면 625명이 된다.

625명에게 각각 5명을 데려오도록 격려하고 방법을 가르쳐라.

여러분이 계속해야 할 일은 이미 알고 있는 방법을 사람들에게 가르치는 것이다. 사다리를 한 단계씩 올라갈 때마다 여러분은 그 방법을 알고 있으며 여러분의 하위 리더들에게 한단계씩 새롭게 성취하는 것을 가르쳐라.

이제 여러분에게는 3천 명이 생긴다.

이것은 내가 했던 효과적인 방법으로 검증된 것이다. 다만 열정을 가져라! 그리고 행하라!

- 희망을 가져라.
- 열의를 가져라.
- 여러분의 노력을 복제 시켜라.
- 리크루팅과 트레이닝 그리고 리더십에 대해 결단을 내려라.
- 결정을 내리지 못하면 결정을 내릴 것인가, 말 것인가, 문제 자체가 하나의 결정사항이 되어버린다.

- 할 수 있을 때까지 연습하라. 여러분은 해낼 수 있다.
- 리크루팅 목표를 세워라. 리크루팅, 리크루팅, = 다운라인 등록.
- 여러분의 개인적인 리크루팅이 계속 되도록 하라.
- 처음에 여러분은 3~5명의 훌륭한 리더를 찾아내기 위해 꾸준히 1대나 프론트 라인을 리크루팅 한다. 때에 따라 그런 특별한 리더들을 찾아내기 위해 20여 명을 리크루트 해야 할 경우도 있다. /인내 하라.
- 사람들이 "다시 생각해봐야겠습니다. 아내와(남편과) 상의해봐야겠습니다. 이 일을 하게 될지 잘 모르겠습니다."라고 하면 이렇게 말하라. "다시 생각해보고 결정을 내리는 데 어떤 정보가 필요하십니까?"라고. /여러분은 MLM Nuts & Bolts에서 이의를 제기했을 때의 대답을 더 많이 볼 수 있다.

여기 내가 좋아하는 인용문이 있다.

"사람이 할 수 있는 가장 고귀한 한 가지 일은 작은 씨앗을 심는 것이다. 그것은 자라서 큰 나무가 될 것이며 언젠가는 전혀 모르는 사람들에게 그늘을 만들어 줄 것이다."

씨앗을 뿌려라. 누가 그 그늘 안에 앉을지 모른다.
- 흔들리지 않는 사람이 되어라.
- 그룹에 있는 사람들에게 일을 시작하도록 도와주어야 할 사람으로 누구를 지목할 것인지 세 명을 생각해보게 하라.

예상고객들이 "네, 하고 싶습니다."라고 말하면 이렇게 말하라.

"잘 하셨습니다. 우리 그룹에 오신 것을 진심으로 환영합니다."

"다음 단계는…" 즉시 그들을 참여시켜라.

■ 다운라인에게 말하라. "나는 여러분의 사장도, 상사도 아닙니다. 단지 코치이자 팀 리더입니다."

성공은 여러분이 매력을 느끼는 그 무엇이다.

■ 여러분은 직장에서 일하던 때보다 이 사업에서 더 열심히 일해야 한다. 직장에서 일할 때, 여러분은 생계를 위해 벌었지만 자신을 위해 일할 때, 여러분은 인생을 벌게 된다.

■ 재능을 개발하고 그 재능을 통해 사업을 발전 시켜라.

■ 어휘를 개발하라. = 대화의 결과는 의사소통 방식에 정비례한다

■ 순간의 즐거움을 버리고 미래를 위해 자신을 훈련하라.

■ 여러분의 능력보다 적은 곳에 안주하지 말라.

■ 기술을 향상 시켜라.

■ 요구에 의해 부자가 될 수는 없다. 오직 실행에 의해서만 부자가 될 수 있다.

■ 역겨움을 느껴라. 그것은 여러분의 실행에 강력한 영향을 미칠 것이다. 어떤 사람들은 이것을 '창조적 불만' 이라고 부른다. 자신에게 이렇게 말하라. "나는 그것을 갖고 있었다." 그리고 변화하라.

■ 연간 여섯 자리 수입을 올리겠다는 소망을 가져라. 필요한 일을 해야 할 만큼 간절히 원하라. 어떤 일이라도 할 만큼 간절히 원하는가? 반드시 그래야만 한다.

어떤 사람은 할 것이며 어떤 사람은 하지 않을 것이다.

어떤 사람은 행하고 어떤 사람은 행하지 않는다.
그것을 믿을 수 있다면 여러분은 성취할 수 있다.

나폴레옹 힐과 클레멘트 스톤은 이렇게 말했다.

"사람의 정신이 믿을 수 있는 것이라면 그 일은 성취할 수 있다."

꿈을 크게 가져라. 열정을 가져라! 그리고 행하라!
최고의 리크루터가 되겠다는 개인적인 목표를 세워라.

8. 결단을 내리는 방법

- 결단을 내려라.
- 결단을 간직하라.

여기 여러분이 진행할 몇 가지 단계가 있다.

· "그렇게 생각했다" 단계

이 꿈은 나를 위한 것인가? 내가 정말 할 수 있을까?

· "그것을 잡았다" 단계

흥분하라! 자신이 그 꿈 속에 있는지 알아보라. 여러분은 모든 사람이 우주선에 탑승해 여러분과 함께 정상에 도달하기를 바라고 있다. 여러분은 그 꿈에 대해 다른 사람에게 말해야 할 만큼 흥분해 있다!!!

· "그것을 샀다" 단계

그것을 위해 돈을 지불하라. 그 일이 일어나도록 투자하라. 대가를 지불하라. 그 꿈을 잡고자 한다면 시간, 에너지, 헌신, 열정과 사랑을 투자하라. 많은 사람들이 이 단계에서 중단한다. 그 이유를 아는가? 투자한 것이 너무 적기 때문에 그것에 매달려 성취되는 것을 보기보다는 그만두는 것이 쉽기 때문이다. 자신에 대한 확실한 투자만이 일이 계속 이뤄지게 할 것이다.

• "그것을 구했다" 단계

소망이 생기기 시작한다. 여러분은 그것을 너무나 간절히 소유하고 싶어 한다. 할 수 있는 능력의 한도 내에서 최고가 되기 위해 기꺼이 모든 것을 다하고자 한다. 여러분은 승리의 의지를 갖고 있다. 여러분의 꿈은 실현되었으며, 대가를 치른 것은 그만한 가치가 있었다고 말한다.

일에 대해 확신을 가지고 결단을 내리는 사람은 늘 사업에서 성공을 거둔다. 결코 실패하지 않는다. 그것은 또한 여러분에게 실패를 안겨주지 않을 것이다. 결단을 내리는 데 주저하는 사람은 결코 시작하지 못 한다. 대부분의 경우, 필요성이 없기 때문이 아니다. 시간이 없기 때문도 아니다. 우리는 필요한 것이나 원하는 것을 위해 언제나 시간을 낼 수 있다. 그것은 우리가 성공을 얻기위해 꼭 해야 할 일이다.

적절한 결단을 내리기 위해서는 여러분이 만든 플랜이 그 플랜에 따라 일하는 모든 사람에게 효과가 있는 것으로 증명되었다는 것을 인식할 필요가 있다. 플랜이 불충분하다는 것이 다음 달에 변명거리가 되지 않도록 하라. 여러분의 성공은 자신의 결단과 플랜에 달려 있다는 것을 인식하라.

여러분이 성공을 거두는 데 추가하고 서둘러야 할 몇 가지 요인들이 있다. 다음과 같은 아홉 가지 원칙에 결단을 내릴 수 있다면 나는 여러분에게 성공적인 결과를 보장할 수 있다.

여러분은 다음과 같이 하겠는가?

- 개인적인 목표를 서면으로 작성하고 매일 들여다보며 의지를 불태우겠는가?
- 개인적인 모범을 보이겠는가? 즉 일이 이뤄지도록 하기 위해 어떤 일이라도 하겠는가?
- 기회에 집중하겠는가? 긍정적인 사람이 되고 어떤 부정적인 영향에도 여러분의 생각을 바꾸지 않겠는가?
- 다른 사람들을 가르치겠는가?
- 미래를 건설하기 위해 한 달에 최소한 70시간을 이용하겠는가?
- 적어도 일 년 동안은 시간을 투자해 사업을 하겠다는 결단을 내리겠는가?
- 꾸준히 계속 발전하겠다는 결단을 내리겠는가?
- 성공할 때까지 지속하라(이 사업에서 성공하지 못 하는 사람은 오직 중단하는 사람들 뿐이다).
- 신속하고 확실하게 결단을 내리는 사람들은 자신의 목적을 분명히 인식하며 십중팔구 목표에 도달한다.

플랜과 결단은 성공하는 데 열쇠가 되는 중요한 요인이다.

네트워크마케팅에서 성공을 거두려면 사업을 키우는 데 있어 일주일에 적어도 15~30시간을 이용하겠다는 결심을 해야 한다.

성공을 통제하는 것은 여러분 자신이다.

여러분의 실천과 생산은 다른 수많은 사람들에게서 이미 효과가 입증된 활동에 달려 있다.

　결단을 내려라. 결단을 유지하라. 여러분 삶과 미래를 결정해 줄 중요한 일에 후회없는 결단을 내리고 자신을 통제하라.

　열정을 가져라! 그렇게 하라!

9. 열정을 갖는 방법

꿈을 소망함

- 여러분의 꿈을 정말로 간절히 원해라.
- 여러분과 꿈을 맞출 친구들과 대화를 나눠라.
- 꿈을 위해, 새로운 모든 경험을 기꺼이 받아들여라.
- 자신의 삶이 여러분에게 감동을 주도록 하라. 삶 자체가 여러분에게 감동을 주도록 하라.
- 자신의 가슴에 벽을 쌓지마라. 어떤 벽은 실망을 막아주지만 어떤 벽은 행복을 막는다.
- 결정은 강력한 힘을 갖고 있다. 어떻게 강력한 힘을 가질 수 있는지 공부하고 실천하라. 우유부단함도 하나의 결정이 될 수 있지만 기회를 훔쳐간다. 결정하는 날, 훌륭한 결정을 하기 시작하는 날, 그날이 바로 삶이 더 좋게 변하기 시작하는 날이다.
- 지체하지 말라. 연기하지 말라. 결심하라. "나는 지금 이 일을 하겠다. 나는 내가 될 수 있는 최고의 인물이 되겠다. 나는 변화하고 성공적인 사람이 되겠다."

- 올해 네트워크마케팅 사업이 얼마나 성장할지 아는 가? 여러분의 노력에서 놀라운 성장이 이뤄지도록 하라.
- 자신을 자기희생이 아닌, 개인 발전에 헌신하라. 자기희생이 여러분을 원하지 않는 한, 굳이 그렇게 할 필요가 없다. 자기 희생을 여러분으로 하여금 경멸 당하게 하라. 그 이유는? '개인의 발전이 너무나 소중하고 존경스러운 일이기 때문이다.'

다른 사람에게 줄 수 있는 가장 좋은 선물은 여러분 자신의 개인 발전이다. 자신의 재능을 키우기 위해 노력하고 있다면 여러분은 자신의 프로모션에 대해 염려하지 않아도 될 것이다. 회사가 여러분을 위한 자리를 만들어줄 것이며 세상이 여러분을 위한 자리를 만들어줄 것이다.

- 자신을 발전시키기 위해 노력하라.
- 여러분에게 도움을 주지 않는 모든 일과 사람으로부터 떠나기 위해 노력 하라.
- 용기를 가져라. 삶의 가장 큰 위험은 꿈을 향해 가는 데 용기를 갖지 않는 것이다.
- 말이 빛을 만들어낸다. 갑자기 어떤 사람을 볼 수 없다는 일이 생기면 어떻게 하는가? 그것은 어둠과 같은 것이다. 여러분이 사업에 대해 말하는 것이 사람들을 위해 불을 밝혀 줄 수 있다는 것을 깨달아라. 전등 스위치를 ON으로 하라. 놀라운 일이 벌어질 것이다. 그것은 마치 고객들에게 희망의 선물을 주는 것과 같다. 불을 켜고 보라. 그리고 믿어라.
- 여러분의 다운라인에 1천 명이 있다고 상상해보라. 그것을 성취하라. 할 수 있다는 걸 믿어라.

내가 할 수 있다면 다른 사람도 할 수 있지 않은가?

여러분은 5년 후 어느 곳에 있겠는가? 21세기 성공의 울타리 안에 있어야 한다. 계속 전진하라.

내가 여러분의 삶에 투자할 수 있도록 해준, 여러분 모두에게 감사한다. 신의 도움을 구하라. 나는 여러분을 존경하고 여러분에 대해 염려한다.

지금 곧 실천하라. 그리하여 여러분이 그룹에 있는 사람들에게 강연할 수 있게 되면 "나는 그 일을 해냈다"라고 말하라. 그들에게 큰 희망을 가져다줄 것이다.

시간을 내어 이 책을 읽어준 것에 대해 감사한다.

네트워크마케팅은 꿈으로 이뤄진 일들이다. 여러분도 할 수 있다.

나는 여러분을 믿는다.

그 꿈을 간직하고 결코, 결코 포기하지 말라.

평균치의 사람이 되지 말고 챔피언이 되어라.

여러분이 될 수 있는 최고의 인물이 되어라.

위대한 사람이 되어라.

여러분의 삶을 믿을 수 없는 걸작으로 만들어라.

하느님이 대한민국을 축복하시기 바라고 하느님이 여러분을 축복하시기 바란다.

나는 여러분을 사랑하며 여러분이 필요하다. 여러분은 멋진 사람들이다.

여러분이 나무토막에 불을 붙였을 때(그것은 여러분 자신이다), 작은 불이 타오른다. 다른 나무토막 하나를 불에 던져보라.

어떤 일이 벌어지는가? 불꽃은 더 커지고, 더 뜨거워지고, 더 빨리 타오른다. 두 개가 타고 있는 불에 또 다른 나무토막 한두 개를 던져보라. 결과는 어떠한가? 나무를 점점 더 많이 던져 넣어라. 그 나무토막들은 큰 모닥불을 만들어낸다. 여러분의 그룹에 큰 열정을 던져보라. 수많은 사람들이 어떤 일이 일어나는지 지켜볼 것이다. 그것은 마술이 아니라 현실이다. 여러분의 불은 다른 사람들에게 옮겨갈 것이다. 그것은 모두 여러분으로부터 시작된다. 한 사람을 리크루트 하고 모닥불이 피어나기 시작하는 것을 지켜보라! 열정을 가져라!

열정을 가져라!

'부자들은 빠른 결단력을 가지고 자신을 변화시켰으며 꾸준히 노력하는 습성을 가지고 열정을 다한다.'

승자가 되라

승자는 결의한다.

　패자는 결의를 지킬 수 없거나 지키지 않겠다고 약속한다.

승자는 외친다. "난 훌륭해. 하지만 더 잘 할 수 있어."

　패자는 주장한다. "난 다른 사람들보다 못 하지 않아."

승자는 문제의 근원을 찾아낸다.

　패자는 문제를 비껴가지만 결코 문제에 접근하지 않는다.

승자는 시인한다. "내가 틀렸어."

　패자는 말한다. "그건 내 잘못이 아냐."

승자는 더 나은 방법을 찾는다.

　패자는 있는 그대로 받아들인다.

승자는 리더로부터 배운다.

　패자는 리더들을 믿으려고 하지 않는다.

빌 루(젠의 남편)와의 인터뷰

　고객 중 한 명이 댈러스에서 있었던 자선 파티에서 나를 젠에게 소개해 주었습니다. 그는 젠이 그녀를 대신해줄 변호사를 찾고 있다고 말해주었습니다. 젠은 그때나 지금이나 내가 만난 가장 뛰어난 여성입니다. 민감하고, 사랑스럽고, 독창적인 아이디어를 가졌으며 자신을 매우 잘 통제합니다. 그녀는 카리스마를 가진 리더입니다.

　젠에게 사업을 위한 시간을 내주기 위해, 나는 때로 요리사나 운전사가 되어줍니다. 나는 그녀와 함께 미팅에 참석하고, 그녀의 사업 관련 연설도 듣습니다. 그녀가 출장을 가게 되면 나는 매일 연락을 취합니다. 집에 돌아오면 와인과 장미로 그녀를 맞이하고 그녀에게 항상 감사하다는 말을 합니다. 나는 젠이 벌어들이는 수입에 대해 엄청난 자부심을 느낍니다. 그녀가 온갖 시련을 이겨내고 최고의 위치에 올라 열심히 일하고 있기 때문에 그만한 돈을 벌 자격이 있다고 생각합니다. 연 50만 달러 이상 버는 여성과 결혼하여 산다는 것은 흥분되는 일이 아닐 수 없습니다. 나는 진정으로 그녀를 치하하는 바입니다.

클레이튼 화이트(15세)와의 인터뷰

　엄마와 나는 비행기에서 내려 리무진을 타고 샌프란시스코 시내로 들어갑니다. 약간의 쇼핑을 하고 금문교를 건너 상살리토로 갔습니다. 그것은 처음 보는 광경이었습니다. 우리는 우리가 묵을 훌륭한 호텔을 고르고 온종일 쇼핑하며 시간을 보냈습니다. 재미있었습니다.

　나는 스포츠를 즐깁니다. 나는 풋볼을 좋아하며 위치는 풀백입니다.

　잊을 수 없는 경기가 있습니다. 6-0으로 리드 당한 상태에서 우리 팀은 2야드 라인까지 공격해 나갔는데, 남은 시간은 불과 18초였습니다. 우리는 모여서 작전을 짰습니다. 쿼터백이 풀백에게 작전을 지시했습니다. 그것은 '오른쪽 대각'이었습니다. 다시 말하면, 공이 내게 온다는 뜻이었습니다.

　나는 경기 라인으로 갔으며 몹시 긴장했습니다. 관중들의 함성은 대단했습니다. 쿼터백이 "준비… 간다!"라고 말하고는 내게 볼을 던졌습니다. 나는 백필드에서 공격을 받아 몸이 돌면서 엔드 존으로 나가 떨어지고 말았습니다. 그것은 터치다운! 모든 사람들이 환

호성을 지르며 경기장 안으로 뛰어 들어왔습니다. 참으로 멋진 경험이었습니다.

나는 내 자신을 리더라고 생각합니다. 왜냐하면 진행요원들과 선수들, 모든 관중들이 나를 최고의 선수로 여겼기 때문입니다. 내가 아무 일도 해내지 않았다면 아무 일도 일어나지 않았을 것입니다.

경기 전 날, 친구 두 명과 함께 영화 '루디'를 보러갔습니다. 그것은 진정한 동기를 부여해주는 영화였습니다. 나는 지금까지 그런 영화를 본 적이 없었습니다. 나는 무척 흥미롭다는 생각에 집으로 돌아와 엄마에게 그 영화에 대해 설명 하고 관람하도록 말씀드렸습니다. 엄마는 새 아빠와 함께 영화를 보고 왔으며 긍정적이고, 훌륭한 영화였다며 흐뭇해 했습니다.

어머니는 내가 학교에서 돌아오면 반갑게 맞아 주십니다. 나는 풋볼 연습 때문에 보통 6시쯤 집에 도착합니다. 가족이 함께 저녁 식사를 하면서 일상적인 대화를 나눕니다. 저 한테는 참으로 재미있는 시간입니다.

내 어머니는 친구들의 어머니와 다른 느낌을 줍니다. 다른 느낌은 어머니께서 방안을 거닐며 생각에 잠길때 어떤 사람인지 곧 알게 됩니다. 그녀는 리더와 같은 모습을 보입니다. 실제로도 리더이기 때문입니다.

나는 어머니와 함께 많은 곳을 여행했습니다. 도미니카 공화국, 칸쿤, 아스펜에서 스키, 베일에서의 피서, 워싱턴 D.C, 시카고, 버지니아, 카리브, 샌프란시스코, 뉴올리언즈, 내슈빌, 하와이…

도미니카 공화국에 있을 때, 나는 아홉 살이었고 키즈 클럽에 있었습니다. 우리는 언덕에 올라갔는데 그곳에는 서커스단에서 볼 수 있는 큰 그네가 있었습니다. 내가 그네를 타고 싶지 않다고 하자, 엄마는 "타봐. 새로운 것을 시도해봐야지"라고 하셨습니다. 나는 어쩔 수 없이 "알았어요"라고 대답하고 두려운 마음으로 그네를 탔습니다. 그런데 그만 그물에 떨어지고 말았습니다. 그렇게 놀라고 무서웠던 적은 처음이었습니다.

하와이에서도 비슷한 일을 경험했습니다. 어머니는 내가 서핑하기를 바라셨지만 나는 내키지 않았습니다. 그러나 어머니는 재미있을 거라고 하셨고 나는 마지못해 서핑을 했습니다. 어느새 두려움은 사라지고 너무나 재미있었습니다. 누나와 나는 서핑보드로 파도타기를 신나게 즐겼습니다.

칸쿤에 있을 때, 나는 13살이었고 내 통금 시간은 밤 12시였기 때문에 그때까지는 집으로 귀가해야 했습니다. 나는 밤 11시부터 12시까지 해변에 앉아 바다 저편 불빛들을 바라보았습니다. 너무나 아름다운 광경이었습니다. 대부분의 사람들은 내가 어머니와 함께 여행하면서 경험한 일들을 경험하지 못합니다.

나는 깨달았습니다. 시도하지 않으면 아무것도 해낼 수 없다는 것을...

행운의 날은 누군가 시간을 내어 여러분이 중요하다고 느끼도록 해주고, 여러분이 더 멋진 날을 보낼 수 있도록 시간을 내어주는 날입니다. 내게 그런 날이 있었습니다.

하루는 어머니가 날 깨우시면서 이렇게 말했습니다. "오늘은 너에게 행운의 날이구나."

"무슨 말이세요?"라고 물었더니, "알게 될 거다"라고 하시더군요.

행운의 날, 우리는 음반 가게에 갔고 어머니는 세 개의 CD를 사주셨습니다. 그곳의 사람들에게 그날이 내 행운의 날이라고 말해주자 그들은 이렇게 대답했습니다. "나도 어머니에게 전화를 걸어 행운의 날이 필요하다고 해야겠군요." 하 하 하…

참 재미있었습니다. 그리고 우리는 부츠 상점에서 서부 사나이들이 신던 부츠와 구두 닦는 도구, 그리고 가죽 조끼를 샀습니다. 우리는 즐겁게 점심을 먹었으며 행복한 하루을 보냈습니다. 앞으로도 멋진 날이 많았으면 좋겠습니다.

어머니는 내 인생에서 매우 소중한 사람입니다. 왜냐하면 어머니는 나를 키워주시고 내가 할 수 있는 모든 것을 지원해 주십니다.특히 가족의 행복을 지켜주십니다.

클레이튼은 이렇게 말한다. 젠 루가 지은 "결코 포기하지 말라!"라는 노래의 가사처럼 "결코 저를 포기하지 않으신 어머니께 감사드립니다."

새라 화이트 (17세)와의 인터뷰

어느 토요일의 점심시간, 엄마가 모델 학교에 있던 날 데리고 길 건너편 식당으로 갔습니다. 식사를 하던 중, 엄마가 두어 장의 카드를 불쑥 꺼내 내게 주었습니다.

나는 놀라 무슨 말을 해야 할지 몰랐습니다.

첫 번째 카드에는 이렇게 적혀 있었습니다. "자세한 내용은 2번 카드를 보거라." 그래서 두 번째 카드를 보았더니 다음과 같은 말이 적혀 있었습니다.

새라야, 네가 한 말을 깊이 생각해봤단다.

너는 우리에게 너무나 소중한 만큼 모든 문제들을 잘 정리하자.

네 동생 애슐리, 클레이튼, 엄마와 새 아빠 모두 널 자랑스럽게 생각한단다.

고3 생활을 깜짝 놀랄 선물과 함께 더 멋지게 할 수 있기를 바란다.

그것은 너만큼 특별한 것이기 때문이다.

그러나 그것은 흰색이나 파란색이 아니다.

그것은 검붉은 색이며 여기에 있단다.

새라야, 차를 몰고 멀리 떠나 보거라.

그 규칙은 오늘 저녁에 이야기하도록 하자.

사랑하는 새라야, 운전 조심하거라.

우리는 모두 널 사랑한단다. 나가서 네 선물을 열어보렴.

그것은 문 밖 가까운 곳에 있단다.

그리고 엄마는 내게 조그만 상자 하나를 건네주었습니다. 그 위에는 다음과 같이 적혀 있었습니다. "새라의 BMW" 그리고 안에는 열쇠가 들어 있었습니다. 나는 너무 감격해 울기 시작했습니다.

식당에 있던 모든 사람이 날 바라보았고 난 눈물을 닦고 정신을 가다듬었습니다. 그러자 엄마가 말했습니다. "나가. 나가서 선물을 찾아봐. 주차장에 있어."

나는 밖으로 나가 아름다운 내 차를 보았습니다.

엄마는 엄마가 거둔 성공의 일부분으로 날 위해 선물을 주셨습니다. 엄마는 항상 내가 원하는 곳에 있습니다. 엄마는 내게 동기를 부여해 주는 영원한 스승입니다. 우리는 여러 가지 많은 주제를 토론합니다. 엄마는 나를 여러 곳으로 데리고 다니면서 사람들에게 소개시킵니다. 그것은 엄마가 거둔 성공의 일부분으로 내가 느끼도록 해주는 겁니다.

엄마는 내가 학교에서 돌아오면 반갑게 맞아줍니다. 그것은 내가 매일 오후 2시 경에 오기 때문에 특별한 것입니다. 동생들은 늦게 오지만 함께 시간을 보내며 그날 있었던 일들을 이야기합니다.

나는 학교와 지역사회에 많은 것을 기여하기 때문에 리더와 같은 느낌을 갖고 있습니다. 나는 많은 활동에 참여했습니다. 치어리더, 팀 훈련, 자원봉사 등등.

엄마는 내게 다른 사람들과의 관계에서 지녀야 할 신뢰, 믿을 수 있는 태도, 책임 등의 가치관을 심어주었습니다.

나는 지난 몇 년 동안 많은 세미나에 참석했습니다. 톰 홉킨스, 짐 론의 세미나 강연도 들었습니다. 안토니 로빈스의 세미나도 들었으며 그들은 모두 내 인생에서 훌륭한 조언자가 되었습니다. 그들은 내 대화술에도 많은 도움을 주었습니다.

엄마는 많은 여행에 날 데리고 다녔습니다. 멕시코, 영국, 캐나다, 하와이, 카리브, 아프리카, 눈 스키를 타러 아스펜으로, 뉴멕시코, 그리고 미국 전역을 여행했습니다. 하와이에 있는 동안 나는 서핑 개인 코치를 두었으며 스쿠버 다이빙도 했습니다.

나는 특별한 경험을 평생 소중히 여길 것입니다.

고등학교 졸업 때, 평점이 3.8이었는데 그것은 엄마가 격려해주시고 긍정적인 태도를 갖도록 해준 덕분이라고 생각합니다. 나는 SMU에 입학했으며 통신학과 마케팅을 공부했습니다. 나는 이런 지식들을 네트워크마케팅과 동기부여 연설에 활용할 계획입니다. SMU에 있는 동안 SMU 학생 신문에 몇몇 인물에 관한 기사를 발표했으며 델타 감마 소사이어티에서도 활동했습니다.

SMU에서 일 년을 보낸 후, 집에서 더 가까운 학교에 다니기 위해 보울더에 있는 콜로라도 대학으로 전학했습니다. 콜로라도에서 맞이한 첫 여름, 나는 아스펜에서 뉴스를 전하는 KAPN의 견습 기자로 일했습니다. CU에서의 첫 학기에는 CU의 뉴스앵커로 매일 아침 뉴스를 전했습니다.

1995년, 씨(Sea) 프로그램에 수강 신청을 했습니다. 450명의 미국 학생들과 함께 전 세계를 돌아다니며, 여객선 공부를 하고, 11개의 항구에 들렀습니다. 우리는 바하마에서 시작해 베네수엘라, 브라질, 남아프리카, 케냐, 인도, 베트남, 필리핀, 홍콩, 일본을 거쳐 워싱턴주 시애틀에서 일정을 마쳤습니다. 대단한 뉴스로는 엄마와 여동생이 케냐에서 나와 만나 내 20번째 생일 축하를 위해 사파리로 간일이었습니다. 1997년 12월, 나는 CU를 졸업했고 3년 반 만에 대학을 마쳤습니다.

새라는 네트워크마케팅 사업에서 자신의 사업을 키워가고 있다.

애슐리 화이트 (13세)와의 인터뷰

　엄마는 날 데리고 여행을 많이 다녔습니다. 그중 하와이에는 여러 번 갔습니다. 나는 축구, 배구, 농구, 피아노 레슨, 모델 등을 하고 있습니다. 엄마는 직접 내 경기를 모두 지켜봅니다.

　엄마는 내가 항상 리더라고 말씀해주시기 때문에 나도 내 자신을 리더라고 생각합니다. 나는 엄마의 말을 믿거든요. 나는 축구를 할 때, "열정을 가져라!"라고 구호를 외쳐 의지를 불태웁니다. 그것은 경기를 할 때, 더 잘 할 수 있도록 도움을 줍니다. 나의 팀 동료들도 경기에 나가기 전 구호를 외쳐 열정을 갖고 경기에 임합니다.

　아스펜으로 이사한 뒤, 애슐리는 아스펜 스키 클럽에 가입했다. 현재 17세인 그녀는 뛰어난 고등학교 축구 대표 선수이자 치어리더이다.

　아스펜 고등학교 2학년 때, 그녀는 가장 우수한 치어리더로 손꼽혔다. 고등학교 졸업까지, 애슐리는 스포츠에서 다섯 번은 우수선수가 될 것이다.

저자에 대하여

젠 루는 플로리다주 피터스버그에서 태어나 텍사스주 칼라렌에서 성장했으며 1970년, 텍사스 러벅의 텍사스 기술대학 사회학 석사로 졸업했다. 그녀는 1972년에 첫 결혼을 해 새라, 클레이튼, 애슐리, 세 명의 자녀를 두었다.

젠은 셋째를 낳기 전인 1980년에 네트워크마케팅 회사에 가입했다.

1986년에는 배심원에 의한 양육권 다툼으로 이혼을 했다. 젠은 승소해 양육권은 얻었으나 재판 과정에서 10만 달러의 빚이 쌓였다.

1985년, 네트워크마케팅 공부를 시작 했으며 자신을 발전시키기 위해 수천 달러를 투자했다. 그녀는 톰 홉킨스와 짐 론의 학생이 되었다.

1990년 말, 모든 빚을 청산하고 양육 재판을 맡았던 변호사 중 한 사람인 빌 루와 재혼했다. 1993년, 그녀는 개인적인 이야기와 일기에 기록한 내용을 자세히 다룬 첫 번째 책, 'Pour Yourself a Cup of Ambition'을 냈다. 첫 열흘 동안 1천 권을 팔았고 더 이상 인쇄되지 않았다. 그 책의 내용은 현재 MLM Nuts & Bolts에 수

록되어 있다.

젠은 일을 하면서 2만 5천 명 이상을 훈련하였으며 500명 이상에게 개인적인 후원을 해 다운라인에 가입시켰다. 그녀는 회사 내의 최고 위치에 올랐으며 1997년 그녀의 그룹 총인원은 7천 명이 넘었다. 1995년에는 미국의 백만장자 중 한 사람으로 거명되었다. 1997년에는 MLM 베스트 셀링 훈련용 교재인 'MLM Nuts & Bolts'와 '열정을 가져라!' 라는 음악을 냈는데 거기에는 노래 "그것은 네게 달려 있다"와 "결코 포기하지 말라"가 포함되어 있다.

젠은 〈석세스〉사에서 출판하는 〈Working at Home〉지의 1997년 9월호 기사에 실렸으며 또한 〈Money Makers Monthly〉지에도 실렸다. 1998년에는 톰 홉킨스 조직의 회원이 되었고 〈업라인〉의 마스터이다. 그해 Oprah Winfrey Show의 인터뷰도 했다. 지금은 전 세계적으로 세일즈 팀들에게 강연을 하고, 훈련을 시키고 있다.

젠은 그녀가 거둔 성공을 여러분과 함께 나눠 여러분도 자신의 사업에서 지도자가 되도록 하는 것을 인생의 목표로 삼고 있다. 그녀는 여러분을 믿는다. 그녀가 할 수 있다면 여러분도 할 수 있다. 그녀는 이렇게 말한다.

"코치님, 저를 뛰게 해주세요. 저는 준비가 되어 있어요. 저를 뛰게 해주세요."

열정을 갖게 되면 여러분은 꾸준히 성취할 수 있을 것이다. 지금 당장 시작하고 열정적으로 움직여 여러분의 인생을 훌륭한 걸작으로 만들어라. 지상에 있는 동안 매 순간을 소중히 하라. 천사들이 여러분을 지켜볼 것이다. 여러분은 성공하기 위해 태어났다. 열정을 갖고 그대로 실천하라!"

그녀의 친한 친구로서 나는 여러분에게 그녀를 신뢰하고 믿으라
고 권하고 싶다.

-존 밀튼 포그(John Milton Fogg)

Fire Up! 음악의 가사가 알고 싶은 사람들을 위해 여기 가사를 싣는다.

작사: 젠 루, 데이비드 블루필드, 그리고 존 포그

Fire Up!(say it 9 times)

Don't you know your life is up to you?

Ignite or melt, the choice is yours, you are the switch that opens doors!

Turn it on, turn it on, turn it on!

When you do what others won't, you will get what others don't!

Turn it on, turn it on, turn it on!

Fire Up!(say it 9 times)

Don't you know your life is up to you?

Fan the flames of your fire, with every dream that you desire.

Turn it on, turn it on, turn it on!

Flip that switch, ignite, inspire, throw tons of passion on your fire!

Throw it on, throw it on, throw it on!

Fire Up!(say it 9 times)

It's up to you, it's up to you, know what to do?

Keep burning, burning, burning.

Every time you throw a log on the fire, it's up to you, you

know what to do.

Every dream that you desire, fuels your passion, fuels your fire!

Turn it on, turn it on, turn it on! It's up to you!

Fire Up!(say it 9 times)

It's up to who? It's up to you!

Fire Up!

So what can you do?

Turn it on, turn it on, turn it on! Ignite your passion, no one can do it for you!

It's up to who? It's up to you!

Fire Up!

Go for it, Big time-Fire Up!

Ignite your passion, ignite it and Fire Up! Fire WAY up!

Ignite it!

Fire Up!